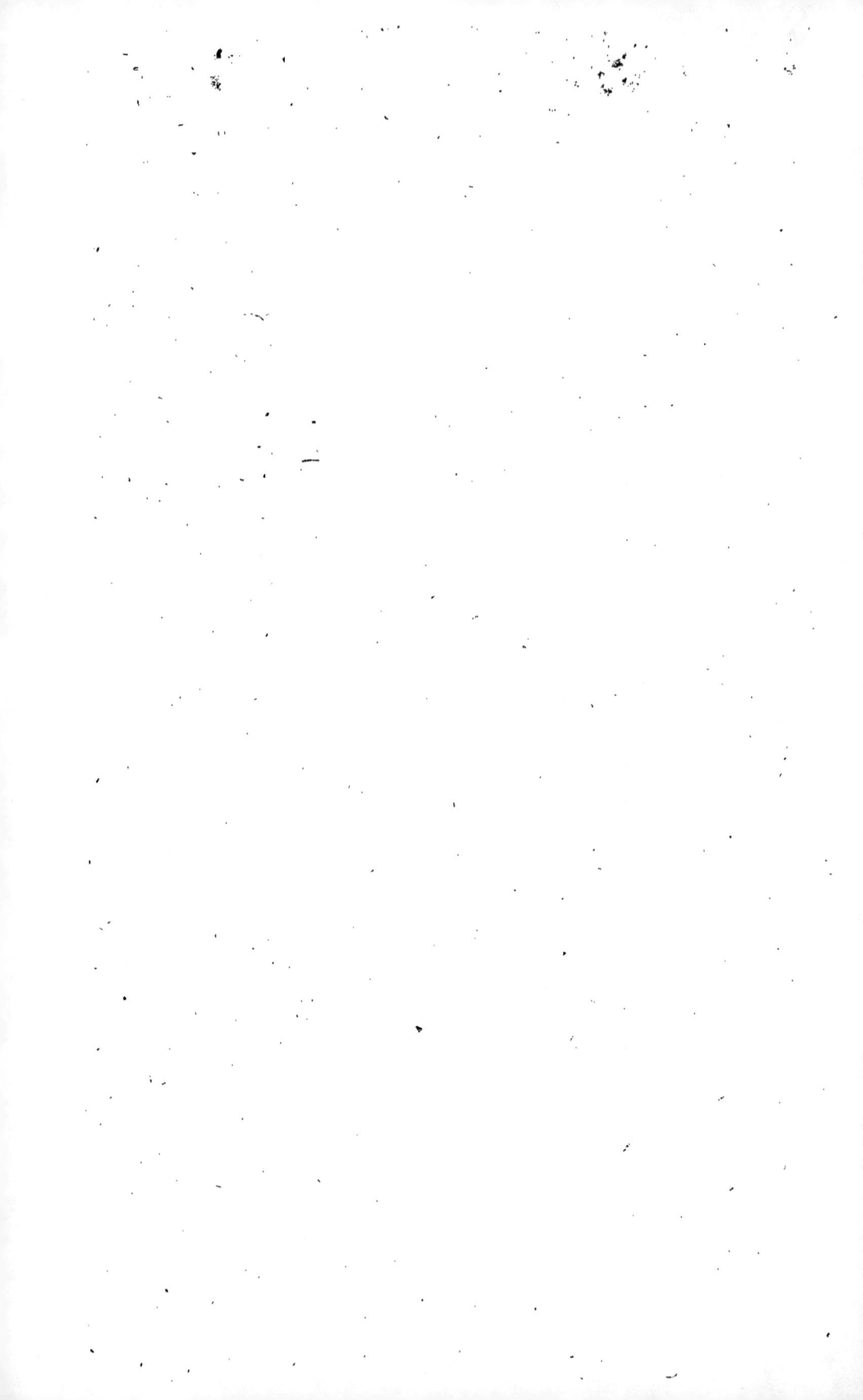

UN MOT

SUR

LA BROCHURE DE M. BRICOGNE,

INTITULÉE

SITUATION DES FINANCES

AU VRAI, etc.;

PAR M. D. MOLLARD,

INSPECTEUR GÉNÉRAL DES FINANCES, etc.

> La vérité ne fait pas autant de bien dans
> le monde que ses apparences y font
> de mal.
>
> LA ROCHEFOUCAULD, *Max. mor.*

PARIS,

CHEZ LATOUR, Libraire, Palais-Royal.

MAI 1819.

DE L'IMPRIMERIE DE J. SMITH.

PRÉFACE.

Si M. Bricogne ne présentait dans son ouvrage que des doutes et des questions sur l'exactitude des comptes et leur véracité, il n'attaquerait que le Ministère et le Ministre, et l'un et l'autre y répondraient s'ils le jugeaient convenable ; mais, en proposant de réduire de 5o millions la contribution foncière dès 1819, il attaque radicalement ou sert la chose publique.

Il l'attaque, s'il s'est trompé, n'importe que son erreur soit innocente ou perfide ; il la sert, s'il a raison et s'il est vrai qu'un Ministre des finances ait pu proposer des impôts inutiles.

Sous ce rapport, la question est des plus graves : M. Bricogne est trop versé dans la discussion des matières de finances pour s'en être dissimulé la gravité ; aussi doit-il s'être préparé d'avance à en subir les conséquences.

C'est donc pour éclairer cette question à laquelle le bien de mon pays est si évidemment intéressé que je prends la plume, et en même temps pour continuer mon œuvre de l'année dernière (1).

Qu'importerait en effet que j'eusse, le premier, fait connaître l'imperfection des comptes des Ministres, le moyen de les vérifier et la nécessité de les faire prouver; que j'eusse démontré qu'il n'existait pas un ordre suffisant dans la comptabilité des recettes et des dépenses publiques, et demandé que le passif des caisses ou dette flottante, ainsi que l'état de tous les débiteurs du Trésor fussent légalement constatés, si le désordre ne faisait que changer de terrain, si on l'implantait dans le courant au moment où l'on s'apprête à l'extirper de l'arriéré, comme s'il était décidé qu'il ne doit jamais sortir de nos finances.

Une atténuation immodérée des ressources est aussi une cause de désordre

(1) Examen du Compte des Ministres, année 1816, et du projet de loi de finances pour l'année 1818, in-4°.

qui, dans notre position, peut avoir les effets les plus funestes. La signaler est un devoir pour tout le monde, et, pour moi particulièrement, une obligation qui résulte, comme je viens de le dire, de celle que j'ai remplie l'année dernière.

Je ne m'abuse point sur la nature de mon entreprise : ce n'est pas à démontrer que la prétention de M. Bricogne est intempestive, téméraire et sans fondement, que j'en fais consister la difficulté, mais bien dans le rôle que je viens jouer.

Je viens dissiper une illusion flatteuse, mais mensongère, y substituer un résultat sévère, mais vrai, et, en quelque sorte, en appeler au public contre lui-même.

Tant de désavantages seraient désespérans vis-à-vis du public, si je comptais moins sur la droiture de son jugement et la justice de ses arrêts.

Dans l'appel que je lui fais malgré son intérêt à me condamner, je pouvais contre-balancer une partie de mes désavantages, en commentant les intentions de mon adversaire, en dévoilant les motifs de la passion qu'il a décelée, et même en rappelant utilement les convenances qu'il n'a pas gardées.

Ce moyen avait sans contredit le mérite de rétablir l'égalité dans la discussion ; mais il avait l'inconvénient, insurmontable pour moi, de pouvoir dégénérer en personnalités, et je l'ai repoussé. Je dois toutefois convenir que, en y renonçant, je me suis flatté de l'espoir que mon sacrifice ne serait pas perdu, et que chaque lecteur voudrait bien m'en tenir compte.

UN MOT

SUR

LA BROCHURE DE M. BRICOGNE.

~~~~~~~~~~

M. Bricogne veut prouver, d'après une situation des finances au vrai mise à la portée des contribuables, qu'une réduction de 5o millions sur la contribution foncière doit être accordée dès 1819.

Il fonde cette proposition sur trois situations différentes qu'il fait suivre de trente-six doutes ou questions sur les comptes et les budgets.

Si les trois situations sur lesquelles M. Bricogne fonde son projet de réduction ressortaient naturellement des comptes ministériels, j'aborderais franchement l'examen de ces situations; mais comme elles résultent des combinaisons qu'il a faites d'après ses doutes et ses questions, d'après le mélange des opérations consommées par le ministère précédent avec les intentions qu'il veut bien supposer au ministère actuel, et enfin d'après une confusion de faits, de principes et de suppositions, arrangée, pour le but qu'il se propose, avec une habileté que je me dispenserai de qualifier, je vais d'abord rétablir les faits; j'examinerai ensuite :

1.° L'état de nos finances au 1er janvier 1819;

2.° Si l'avenir nous promet une amélioration qui permette de faire une réduction sur les impôts de 1819;

3.° Dans le cas contraire, si cette réduction sera possible en 1820;

4.° Enfin, si la contribution foncière devra profiter de toute la réduction qui sera reconnue possible.

FAITS (1).

Vers la fin de 1817, M. le comte Corvetto régla définitivement les attributions du sous-secrétaire d'état, et lui délégua la surveillance et la direction du trésor royal, c'est-à-dire de la perception, du mouvement et de l'emploi des deniers publics.

---

(1) Dans le nombre des faits que je vais retracer, il en est qui ont été rendus publics, et il en est d'autres que je n'ai connus que par les travaux qui m'ont été confiés au Ministère. Les premiers sont du domaine public, mais les autres appartiennent à l'administration, et je ne m'en sers que sur l'autorisation que Son Exc. a bien voulu m'en donner.

M. le baron de La Bouillerie, alors sous-secrétaire d'état, proposa aussitôt une nouvelle organisation des bureaux du trésor, pour avoir lieu à compter du 1er janvier 1818.

Cette organisation qui rétablit une division qui avait été précédemment incorporée dans une autre, éprouva, dans le courant de 1818, un changement notable.

La division de la comptabilité chargée de tenir les écritures centrales du trésor, et de former, à la fin de l'année, le compte général, fut dissoute, et son travail distribué en plusieurs bureaux.

Dans les premiers jours de décembre 1818, M. Roy fut appelé au ministère des finances, et la suppression de la place de sous-secrétaire d'état fut consommée.

La nouvelle organisation ayant eu pour effet de multiplier les centres, il s'agissait alors, pour le Ministre, de savoir s'il pourrait se mettre en relation avec tous les chefs qu'elle avait établis, ou s'il en réduirait le nombre.

Cette question restait à juger lorsque M. le baron Louis entra au ministère à la fin de décembre 1818 : il la jugea en rétablissant la division de la comptabilité.

Ses premiers devoirs, en entrant au ministère, étaient d'en constater la situation, et d'en remplir les obligations, dont la principale était la présentation des comptes.

En examinant l'état de la situation des finances au 1er janvier 1819, nous verrons plus tard l'état dans lequel il a trouvé le ministère quand il y est entré.

Par rapport aux comptes, qui étaient ceux de la gestion de 1817 dus à la session de 1818 avec la situation du budget à la fin de ladite gestion de 1817, il fut reconnu que ces comptes n'avaient pas été terminés sous l'Administration précédente, quoiqu'une année fût déjà écoulée au-delà du terme de leur clôture; qu'ils avaient été seulement préparés; que les employés qui avaient fait ce travail n'en garantissaient pas l'exactitude, et qu'enfin une commission, qui avait été chargée d'en faire la vérification, y avait relevé plusieurs erreurs. Ces comptes n'étant point signés de l'Administrateur qui en avait dirigé la formation, et qui avait particulièrement surveillé les opérations qui devaient y être portées, il y avait à délibérer si l'on perdrait, à faire la vérification de ces comptes reconnus imparfaits, un temps qui pouvait être utilement employé à en faire de nouveaux.

Le Ministre se décida pour ce dernier parti, par la considération que les explications qui pourraient être demandées seraient données avec plus de facilité ; et, tandis que les bureaux chargés de la formation du compte de gestion de 1817 avançaient dans leur travail, une com-mission en faisait la vérification sur les épreuves qui revenaient de l'impression.

Cette vérification, aussi importante par les erreurs qu'elle fit relever, que par la certitude qu'elle procura, qu'il n'existait pas, dans le sein du trésor, des écritures suffisantes pour cons-tater les actes et la surveillance de l'adminis-tration, fit découvrir que le compte de gestion de 1817 renfermait quelques points, et notam-ment deux, qui n'étaient pas garantis ; qu'un travail de quelques mois suffirait à peine pour obtenir cette garantie, et qu'il faudrait en outre, pour donner quelque solidité à ce travail qui devait aboutir à toutes les branches du ser-vice, qu'il fût fait d'après un système qui restait à trouver, à discuter et à adopter.

Dès qu'il fut reconnu que la vérification du compte de gestion ne pouvait pas être poussée plus loin, le Ministre en arrêta la rédaction, et ne songea plus qu'à satisfaire l'impatience des Chambres et du public.

Dans cet état de choses, le Ministre pouvait délibérer sur la marche qu'il voudrait adopter ; il pouvait, à l'exemple de tous ses prédécesseurs, sans en excepter un seul, sinon garantir l'exactitude de ce compte, se taire du moins sur ses imperfections ; mais il ne délibéra pas. Sachant qu'il devait aux Chambres et au public la vérité, il se promit de la dire, et il se le promit sans hésitation ; car la situation du budget restait à faire à cette époque, et il ordonna qu'elle ne fût présentée d'une manière définitive que pour les dépenses, attendu que cette partie était la seule qui fût assez certaine pour lui, d'après les crédits demandés par tous les Ministres ordonnateurs.

A l'égard des recettes, comme elles ne pouvaient être déterminées que d'après les comptes qui en avait été tenus dans son ministère ; convaincu que ces comptes n'étaient pas exacts, pouvait-il tout à la fois le déclarer à la nation et cependant en soumettre les résultats au langage sacré de la loi?

Tel a été le motif pour lequel la balance des exercices a été et devait être négligée. Elle n'a pas été faite, parce qu'elle ne pouvait pas être exacte, et parce que, n'étant pas exacte, elle ne devait pas entrer dans la loi.

Ce point étant bien reconnu, le projet de loi ne devait plus comprendre que l'énonciation des crédits qui étaient demandés par les Ministres ordonnateurs ; tous les autres détails qui étaient contenus dans les états où ces crédits étaient mentionnés , n'avaient plus une grande importance et n'étaient que de simples renseignemens ; aussi la rédaction de ces états fut-elle entourée de moins de précaution et laissée aux bureaux à qui leur inexactitude doit être reprochée, si on ne veut pas l'imputer à la précipitation avec laquelle tout ce travail fut fait.

Enfin, le 9 février dernier, le compte de gestion de 1817 fut présenté avec la demande des crédits ; et pour la première fois la nation fut instruite qu'il n'y avait pas, dans le sein du ministère des finances, une comptabilité suffisante.

Cet aveu fut fait avec mesure et dignité ; en le faisant, ce n'était pas seulement s'imposer la tâche difficile de remédier à un ordre de choses si voisin du désordre, c'était encore s'obliger à établir l'ordre.

Le poids de cette obligation est immense ; tout le monde le reconnaîtra, sans en excepter M. Bricogne lui-même ; le Ministre pouvait déplorer que ses prédécesseurs le lui eussent laissé, et ne s'en charger que conditionnellement, peut-être même aurait-il dû le faire ; mais il ne le fit pas, et dès-lors la nation a eu la garantie que l'ordre serait établi ou qu'elle saurait à qui s'en prendre s'il ne l'était pas.

Le budget de 1819, qui fut présenté peu de temps après les comptes, fit voir à la nation l'état de ses finances au 1er janvier 1819. Nous allons voir quel est cet état en continuant l'exposé des faits.

CHAPITRE PREMIER.

De l'État des finances au 1.ᵉʳ janvier 1819.

RESSOURCES (*Budget de* 1819, *p.* 42).

Fonds en caisse et en porte-feuille, ou devant y entrer 92,076,085

Avances faites par le trésor et restant à lui rembourser................... 40,761,000

Effets publics représentant en rentes 5,180,000 fr., et en capital........ 72,247,874

Débets de comptables et autres créances............................... 22,388,000

Restes à recouvrer sur les exercices 1815, 1816, 1817 et 1818........ 35,352,600

TOTAL DES RESSOURCES..... 262,825,559

BESOINS (*Idem, p.* 43).

Restes à payer sur les exercices 1815, 1816, 1817 et 1818.............. 186,328,742

Dette flottante................... 175,974,213

TOTAL DES BESOINS........... 362,302,955
Celui des ressources étant de... 262,825,559

Il en résulte un déficit nominal, sur la généralité du service au 1ᵉʳ janvier 1819, de...................... 99,477,396

Dans toutes les affaires, soit privées, soit publiques, et dans celles-ci plus particulièrement, les *besoins* ou le *passif* sont toujours certains, tandis que les *ressources* ou l'*actif* ne le sont jamais qu'après en caissement. Ainsi en supposant, ce que M. Bricogne ne prétend même pas, que les avances dussent être remboursées en totalité pour.......................... 40,761,000

Que les débets et autres créances dussent rentrer en entier pour........ 22,388,000

Et que la vente des effets publics dût réellement produire............ 72,247,874

    Ce qui forme un total de...... 135,396,874

Le déficit n'en serait pas moins de 99,477,396 fr.

Si le Ministre se fût borné à présenter une telle situation, on lui eût reproché, avec raison, de ne pas remplir son devoir. Ce devoir ne consiste pas à porter des chiffres en atténuation de nos dettes, mais bien à assurer les moyens d'y faire face. Or, le premier moyen est dans la discussion de son actif. C'est en le discutant qu'il reconnaît,

1° Que, sur les avances, il est probable qu'il ne sera recouvré que........ 10,000,000

2° Que la rentrée des débets étant incertaine ou éloignée, ne doit pas entrer dans la ligne de nos ressources actuelles..... .... *Mémoire.*

3° Qu'il y aurait de l'inconvénient à négocier les valeurs qui représentent les 72 millions de capital, et qu'il serait préférable de les garder...... *Mémoire.*

Ces trois parties de l'actif n'étant réalisables que jusqu'à concurrence de

10 millions, laissent donc des besoins
à remplir pour...................... 125,396,874
Qui, étant ajoutés à la somme du déficit............................... 99,477,396

Elèvent ce déficit, sur le service antérieur au 1ᵉʳ janvier 1819, à....... 224,874,270

Somme à laquelle le Ministre demande (art. 23 du projet
de loi) d'être autorisé à porter le capital de la dette
flottante, sans pouvoir l'élever au-delà.

Ainsi l'un des premiers actes du Ministre
actuel est un hommage aux principes : il vient
lui-même concéder un droit dont ses prédécesseurs ont usé sans contestation, que conséquemment il pouvait garder, et qui est précisément
le seul qu'il dût garder, pour avoir la latitude
convenable, s'il eût voulu se livrer à des affaires.

En recherchant l'origine de cette situation,
on trouve qu'elle provient des exercices 1815,
1816, 1817 et 1818 pour 52,944,285 fr. , ainsi
que je vais l'établir : le surplus appartiendra au
passif des caisses ou dette flottante.

Les Ministres ordonnateurs demandent, pour le service de ces quatre exercices (proposition de loi,
page 60)..................... 4,154,758,007
A ajouter pour un crédit supplémen-
taire demandé par le Ministre des
finances pour le service de la lote-
rie, exercice 1818 (Budget, p. 43). 784,000

TOTAL DES BESOINS....... 4,155,542,007

Les recettes faites ou à faire sur ces
quatre exercices ont monté (projet
de loi, p. 48)..................... 4,110,693,677

A ajouter pour les recettes diverses
portées jusqu'alors en atténuation
des frais de négociation.......... 4,142,045

TOTAL........... 4,114,835,722

A déduire pour application faite à
l'exercice 1814 par la loi du 25 mars
1817........................... 12,238,332

Il reste net en ressources......... 4,102,597,390

Les besoins étant de............. 4,155,542,007

Il en résulte un *excédant de besoins*
sur les quatre exercices de 1818 et
années antérieures de.......... 52,944,617

Ce qui laisse pour la dette flottante.. 171,929,653

Egalité............. 224,874,270

M. le Ministre des finances prétend, comme
nous l'avons déjà dit, qu'il y aurait de l'inconvénient à négocier les effets publics que ses
prédécesseurs ont, dûment ou non, fait entrer
ou retenu dans le porte-feuille du trésor, et il
annonce qu'il serait préférable de les garder. Il
en fonde les motifs sur la crainte que la vente
précipitée des rentes 5 p. o/o qui forment la
très-grande partie de ces effets n'en altérât le
cours après la crise qui vient d'avoir lieu, et sur
ce que ces effets produiront, en attendant qu'ils

2

puissent être vendus avantageusement, un revenu
de 5,180,000 fr., qui sera supérieur à l'intérêt
qu'il faudra payer en empruntant les fonds qui
proviendraient de leur vente. Il ajoute en outre
que l'existence de ces effets dans les porte-
feuilles du trésor ne sera pas sans utilité, parce
qu'ils serviront à donner, aux établissemens qui
sont ses prêteurs ordinaires, les doubles garan-
ties qui sont inévitables dans certains cas, et
à l'aide desquelles le taux de l'intérêt est sensi-
blement diminué.

Il n'y a certainement dans ces vues rien qui
ne soit conforme à une saine administration,
rien qui n'annonce la plus scrupuleuse attention
à ménager les intérêts de la nation. Convaincu
de l'excellence de ces vues, le Ministre actuel
pouvait bien, à l'exemple de ses prédécesseurs,
ne point faire ressortir et laisser confondus
dans les porte-feuilles du trésor les effets qui
y étaient depuis long-temps, et, à l'égard de
ceux qui y avaient été introduits plus tard sans
autorisation, les y garder de même, en soutenir le poids par des émissions de bons
royaux ainsi qu'on l'avait pratiqué, et en définitive, lorsque le moment opportun de les
vendre serait arrivé, se faire un mérite, aux
yeux des Chambres et de la nation, de l'intel-
ligence de son administration.

Comme le Ministre n'en a pas usé ainsi, et qu'il a soumis aux Chambres la conduite qu'il devait tenir à l'égard de ces effets, je vais caver au pire, et supposer que leur vente sera résolue. Examinons maintenant quel sera le produit de leur réalisation.

Tous ces effets sont applicables à la dette flottante, à l'exception de 1,674,500 fr. de rente appartenant à l'exercice 1818.

Que les rentes soient vendues à 67 fr., que la masse de 4,703,434 fr. ajoutée à celle qui pèse déjà si fortement dans la circulation n'en fasse pas fléchir le cours, 1,674,500 fr. produiront à la décharge des exercices 22,438,300

Le déficit de ces exercices étant de... 52,944,617

     Sera réduit à............. 30,506,317

Les 3,028,934 fr. de rente restant, au même cours de 67 fr., produiront............. 40,587,715

Les 5,617,680 fr. reconnaissances de liquidation, à 80 p. o/o, id........ 4,494,144

Les 1050 actions de la Banque, à 1500 fr., id................. 1,575,000

Et les 136 actions sur les salines, par approximation................. 1,000,000

    Total à la décharge de la dette flottante 47,656,859

Cette dette étant de............. 171,929,653

    Sera réduite à................. 124,272,794

Sans qu'elle puisse éprouver de nouvelle réduction que par l'effet des rentrées qu'il sera possible d'obtenir,

1° Sur 30,761,000 fr. qui resteront à recouvrer, sur les avances faites par le trésor après qu'on aura reçu les 10 millions portés en ligne de compte par le Ministre;

2° Sur 22,388,000 fr. de débets de comptables;

_____

53,149,000 fr., total en valeur nominale.

Jusqu'à quel point le recouvrement de ces créances est-il probable ? M. Bricogne, dont l'opinion ne peut pas être suspecte dans cette question, n'admet de possibilité de recouvrement sur les 22 millions de débets que jusqu'à concurrence de 5 millions; et, à l'égard des 30 millions d'avances, il demande qu'ils soient réduits à 13 par l'abandon de 17 en faveur de la ville de Paris; mais pense-t-il de bonne foi que les départemens du Haut et du Bas-Rhin rembourseront, sans discussion, les 1,875,000 fr. qui leur ont été avancés pour la construction de casernes? pense-t-il de bonne foi que, aux yeux de beaucoup de personnes impartiales, la dépense de ces casernes ne soit pas considérée comme une charge générale, aussi bien, et peut-être mieux, que la dépense qui a été faite pour fournir aux habitans de Paris du pain à meilleur marché qu'on ne l'obtenait dans le reste de la France? pense-t-il encore de bonne foi que le ministre de la justice remboursera de ses deniers les 5 millions avancés par l'administration de l'enregistrement pour frais de justice, et qu'une grande partie de ces avances ne nécessitera pas des crédits nouveaux? Est-ce enfin de bonne foi qu'il pense que les divers manufacturiers, armateurs et négocians, ainsi que la compagnie d'Afrique, rembourseront exactement et à la première réquisition les avances qui leur ont été faites? Non, il ne le pense pas plus que moi, et il sait aussi bien que moi que la rentrée de ces créances est entièrement incertaine, et que s'il en résulte quelque recouvrement, il serait de la dernière imprudence d'y compter pour satisfaire à des engagemens certains et qui ne peuvent être ajournés.

Ainsi donc le service de 1819 s'ouvre :

1° Avec une dette flottante de : 124,272,794
   Qui ne repose que sur une garantie
   éphémère de 53,149,000 fr.

2° Avec un déficit sur les exercices de
   1815, 1816, 1817 et 1818, de 30,506,317

Et conséquemment avec un déficit réel
   au 1ᵉʳ janvier 1819 de 154,779,111

Une partie importante de cette situation, qui est celle relative aux quatre exercices de 1818 et années anté-

rieures, vient de subir un examen approfondi de la
part de la commission de la Chambre des Députés
chargée de l'examen des comptes. Cette commission,
suivant le rapport qui vient d'en être fait par M. Roy,
loin de trouver un déficit de....... 30,506,317
Établit, au contraire, un excédant de
ressources de......................... 2,307,456

Ce qui présente une différence de..... 32,813,773
En déduisant de cette différence 784,000
pour un supplément de crédit demandé par le Ministre pour le service des loteries de 1818; lequel crédit, demandé dans le projet du Budget, p. 43, est compris dans mon
travail, et ne fait pas partie de celui
de la commission; ci.............. 784,000

Il reste................. 32,029,773
Et en y ajoutant les sommes que j'ai déjà
fait entrer en compte,
Pour la véritable valeur de 1,674,500 f.
de rentes à 67 fr................... 22,438,300
Et pour les recettes provenant de négociations.......................... 4,142,045

On obtient une différence égale à celle
que le rapport de M. Roy présente en
résultat de...................... 58,610,118

Si je n'aspirais qu'à prouver l'exactitude de
mon travail par sa comparaison avec celui de
la commission, l'explication que je donne des
différences serait suffisante. Mais je prétends

aller plus loin : je veux établir la véritable situation de l'Etat sur ces exercices, non seulement d'après le compte rendu par le Ministre, mais encore d'après le travail de la commission, et rapprocher les résultats de l'un et de l'autre de telle manière qu'il n'y ait pas plus de fiction dans l'un que dans l'autre,

Pour y parvenir, je dois suivre une marche rigoureusement exacte. Mon travail étant basé sur des réalités qui sont : l'existence des valeurs en caisse et en porte-feuille au 1er janvier 1819, et le montant des recettes à faire et des dépenses à payer à la même époque, je ne dois prendre en considération que les changemens analogues aux bases de ce travail.

Ainsi j'admettrai tout changement proposé par la commission, qui aurait pour objet d'infirmer les soldes existans au 1er janvier dernier, et de procurer ou des recettes nouvelles ou des diminutions de dépenses à compter de ladite époque, et je négligerai tous les autres, parce qu'ils n'auraient trait qu'à des redressemens de comptes qui restent parfaitement étrangers à mon travail.

Je passe donc à l'application de cette marche, sans en pousser plus loin le développement, parce qu'il résultera beaucoup mieux des explications qui seront nécessitées par la

comparaison finale, que de tous les raisonnemens que je pourrais exposer.

Quoique la mention d'un produit dans les
comptes de fin d'année pour une somme in-
férieure à l'évaluation du budget, soit d'un
fâcheux pronostic, parce que la recette brute
de ce produit augmente rarement après la
fin de l'année, tandis que le net diminue toujours nécessairement par l'effet des dépenses
relatives à l'exercice qui sont acquittées après
l'année révolue; cependant je supposerai,
d'accord avec le travail de la commission,
qu'on peut obtenir, en sus des restes à recouvrer annoncés par le Ministre pour 1818.

Sur la poste aux lettres.............. 104,000
Sur les recettes diverses............. 346,000
Et sur l'abonnement des villes pour ca-
sernement et lits militaires......... 555,000

TOTAL...... 1,005,000

Je supposerai également que les Ministres acquiesceront aux réductions
de crédits faites par la commission
pour............................... 11,495,000

Ces suppositions de recette ou de diminution de dépense s'élevant à...... 12,500,000
Etant portées en déduction du déficit
précédemment établi pour les exercices 1815, 1816, 1817 et 1818, à.. 30,506,317

Réduiront ce déficit à.............. 18,006,317

Par contre, je suppose que M. le Ministre des finances persistera dans la
demande qu'il a faite d'un supplément de crédit pour le service des
loteries en 1818 de 784,000 fr., et
que ce supplément sera accordé par
la chambre; ci....................   784,000

Alors l'excédant de recette résultant du
rapport de M. Roy pour..........   2,307,456

Etant diminué de cette somme, serait
réduit à......................   1,523,456

Et en le comparant au déficit résultant
de mon travail; ci..............   18,006,317

On trouve une différence de........   19,529,773

Qui s'explique par des augmentations de recette faites par
la commission sur quelques exercices.

Mais ces augmentations n'ayant pas
toutes le même motif, il convient de
les séparer en trois classes.

Je rangerai dans la première celles qui
sont proposées pour *recettes faites*,
telles que

Sur les contributions directes de 1817,
pour.........................   1,733,000

Sur les produits indirects, dont le rè-
couvrement est confié aux administrations financières,

Pour l'exercice 1816, suivant la note
N° I, jointe au rapport...........   655,000

Pour l'exercice 1817, suivant la note
N° II.............................   4,681,800

Report......................... 7,069,800

Sur les cautionnemens (voir la note
5 Exercice 1816).................... 788,000

Total des augmentations motivées
pour *recettes faites*........... 7,857,800

La deuxième classe comprendra les augmentations faites sur les évaluations,
et qui sont (voir la note 5 Ex. 1818) :

Produit éventuel de 1,074,500 de rentes   24,601,318
Crédit de.... .... 600,000 *idem*..   8,320,000

TOTAUX... 1,674,500 32,921,318

A déduire pour la valeur de ces rentes
au cours de 67, que j'ai déjà portée
pour............................ 22,438,300

Reste, pour différence de la valeur
réelle des rentes à celle présumée
par la commission................ 10,483,018

Retenue sur les pensions........... 1,020,000

TOTAL des augmentations sur les
évaluations.................. 11,503,018

Et enfin, dans la troisième classe, figu-
rera l'augmentation faite *pour ordre*
de 168,955 fr. résultant de la différence entre 4,311,000 fr., dont la
commission propose d'augmenter la
recette provenant de négociations, et
4,142,045 fr. portée par le Ministre
pour le même objet. Cette différence

motivée sur ce que la dépense qui
l'occasionne appartient à l'exercice
1819, ci............................ 168,955

Les augmentations pour *recettes faites*
sont de............................ 7,857,800
Celles sur les *évaluations* sont de..... 11,503,018

Total égal à la différence..... 19,529,773

Il doit peu importer au Ministre des finances que la recette soit augmentée *pour ordre* sur un exercice, puisqu'une pareille somme est allouée en dépense sur un autre, ce qui opère la balance.

Il lui importe également fort peu que la recette soit augmentée pour des *évaluations* évidemment forcées, parce que ces évaluations, ne se réalisant jamais, ne peuvent avoir que l'inconvénient de dénaturer la véritable situation.

Mais il n'en est pas de même d'une augmentation qui aurait lieu pour *recettes effectuées* ; celle-ci serait grave si le ministère ne parvenait pas à la détruire d'une manière satisfaisante, parce qu'elle créerait un déficit qui ne serait pas expliqué ; ce qui ne peut pas être supposé.

En définitive, comme la différence de 19 millions entre la situation des quatre exercices de 1818 et années antérieures établie d'après les comptes du ministère, et celle résultant du travail de la commission n'est susceptible de produire aucune réalisation effective, pas même celle qui se rapporte aux recettes effectuées, puisque, en supposant que la prétention de la commission fût fondée, l'état des caisses constaté par le Ministre n'en serait pas moins le même, il demeure constant que le déficit, sur ces quatre exercices, est de. 18,006,317

Le montant de la dette flottante étant de............ 124,272,794

Le déficit final sur le service au 1er janvier 1819 est de........................ 142,279,111

CHAPITRE II.

L'avenir nous promet-il une amélioration qui permette de faire une réduction sur les impôts de 1819.

Le budget de 1819, élevé à la somme énorme de 889 millions, a déjà perdu sa balance par la vente des effets publics qui en diminue les ressources de 3,180,000 fr., compensation faite des 2 millions qui étaient demandés (p. 98) pour l'intérêt des emprunts que ces effets auraient occasionnés, si on les eût gardés. Ci... ressource à trouver............ 3,180,000 fr.

L'année 1820 nous portera un besoin extraordinaire de 100 millions payables en neuf mois
jour par jour à compter du 1er juin (rapport de
M. Roy, p. 35). Ce besoin, couvert dans ce
moment par une rente de 6,615,944 fr. prise sur
le crédit de 24 millions, pourra sans doute être
rempli en vendant des inscriptions pour pareille somme. Mais 6,615,944 francs de rente
au cours de 70 francs ne représenteront que
92,623,216 fr. Il y aura donc à trouver 7,376,784
francs.

En 1821 s'ouvrira le paiement par cinquième
des reconnaissances de liquidation. Les dépouil-
lemens que j'ai faits des comptes des Ministres
(service arriéré), me font vivement redouter
que le montant de ces reconnaissances ne dé-
passe 400 millions. Cependant, comme on ne
l'évalue qu'à 360 millions, je m'en tiendrai à
cette évaluation. Ce sera 72 millions à rembourser pendant chacune des cinq années 1821,
22, 23, 24 et 1825. Cette somme est couverte
dans ce moment par une rente de 18 millions,
représentant 3,600,000 fr. de rente pour chacune desdites époques. On ne peut pas douter
que cette dette ne soit consolidée. Si elle l'est
à 70 fr. pour 1821, 3,600,000 fr. de rente représentant les 72 millions à rembourser dans
ladite année, ne couvriront que 50 millions

400,000 fr. Il y aura donc à trouver, pour 1821, 21,600,000 fr.

Et une pareille somme pour chacune des quatre années qui suivront.

Je suppose que l'année 1819 se suffise à elle-même; j'irai même plus loin, et je supposerai qu'elle pourra présenter quelques excédans, quoique ce ne soit pas probable ainsi que je le démontrerai bientôt; devons-nous redouter quelques excédans, lorsque nous avons devant nous un déficit de 142 millions échéant chaque jour?

Comment couvrirons-nous les 7 millions qui nous seront nécessaires en 1820? Sans doute, en vendant une quantité plus considérable d'inscriptions, et alors il faudra en vendre pour 7,200,000 fr. au lieu de 6,615,944. Mais peut-on déterminer jusqu'à quel point la rente, évidemment surabondante aujourd'hui, se sera classée dans l'espace d'une année, afin d'apprécier l'influence qu'une vente forcée de 7 millions dans le second semestre de 1820 aura sur le cours de ce semestre qui doit servir de règle pour le paiement des 72 millions échéant en 1821?

Il est probable que l'on consolidera également chaque année la différence à payer aux porteurs des reconnaissances de liquidation; mais alors, en supposant que toutes ces conso-

lidations aient lieu à 70 fr., notre dette per-
pétuelle, qui se sera accrue de 500,000 fr. en
1820 pour compléter le paiement des 100 millions, s'accroîtra encore de 1,500,000 francs
pendant chacune des cinq années suivantes, ce
qui nous procurera un accroissement total et
perpétuel de 8 millions.

Si notre position actuelle résultait d'un long
calme chez nous et autour de nous, si nos revenus publics avaient acquis de la fixité par l'assiette et la prospérité des fortunes particulières,
si nos routes étaient entretenues, nos arsenaux
fournis d'approvisionnemens sagement amassés
avec le temps, notre marine prospère, et notre
armée sur un pied respectable ; certes, une
telle perspective n'aurait rien d'inquiétant, et,
nous confiant au présage heureux d'une longue
paix, peut-être serait-il permis de nous livrer
à de flatteuses espérances.

Mais lorsque rien de tout cela n'existe, lorsque nous sortons à peine de la situation la plus
déplorable qu'une longue tranquillité peut
seule réparer, lorsque nous n'avons encore que
les bases de notre édifice social, lorsque tous
les états de l'Europe, à peine revenus de l'é-
branlement qu'ils ont souffert par nous et comme
nous, cherchent à consolider leur repos, et cependant restent en armes, lorsque nos arsenaux

sont vides, notre marine anéantie, notre armée à peine à la moitié de son état de paix à défaut de moyens pour la compléter; lorsqu'enfin nous n'avons que des ruines et des désastres à réparer, sans pouvoir nous assurer qu'un tel état de choses n'empirera pas d'un instant à l'autre, on conviendra que toute proposition de réduire les impôts doit être appuyée de preuves bien évidentes pour n'être pas jugée téméraire.

Telle est incontestablement notre situation, et cependant M. Bricogne prétend que la contribution foncière doit être diminuée de 50 millions. Examinons les raisons dont il s'appuie.

Comme je l'ai déjà dit, M. Bricogne fonde sa proposition sur trois situations.

Par la première, il établit que les valeurs réalisées au 1.er janvier 1819 ou réalisables à volonté montent à 187 millions, et il en conclut qu'il faut diminuer de 50 millions les contributions de 1819;

Dans la seconde, il trouve que, au 1.er janvier 1820, il y aura un véritable *excédant* de ressources au moins de 180 millions, au lieu d'un *déficit prétendu* de 48,900,000 fr., et il en tire la même conclusion que de la précédente;

Et enfin la troisième lui fait voir que les revenus des quatre années qui ont précédé 1819 ayant produit 100 millions au-delà des estimations, 1819 produira également 24 millions qui, ajoutés à 26 dont il annonce que l'évaluation de 1819 est plus faible que le produit réel de l'année 1818, donnent les 50 millions dont il demande la réduction sur la contribution foncière.

Ces trois moyens n'en forment réellement que deux, parce que les deux premiers n'en font qu'un, et encore est-il si pitoyable que je suis vraiment honteux d'avoir à l'examiner. Je demande pardon d'avance à mes lecteurs de les entretenir d'une semblable niaiserie ; mais je le dois, parce qu'il est à craindre que toutes les personnes qui ont lu M. Bricogne ne lui aient pas prêté une attention suffisante.

Quant au troisième moyen, qui devient pour moi le second, il se présente au moins avec l'apparence de quelque raison ; mais nous verrons bientôt qu'il n'est pas plus solide.

M. Bricogne s'est bien gardé d'établir une situation tant soit peu sérieuse, parce qu'il eût été arrêté à la première ligne, et qu'il eût été forcé de dire adieu à tous ses grands projets. Il s'est donc vu réduit à ramasser des chiffres au hasard, et à les marier, quelle que fût l'antipathie qui existât entre eux. C'est ainsi que, pour prouver la *réplétude inouie* des

3

caisses, il y établit aussitôt 187 millions qu'il compose de tout ce qui lui passe dans la tête.

Les 92 millions formés de 42 millions d'écus (1) et de 50 millions à recevoir à des termes plus ou moins éloignés, se convertissent aussitôt par l'agrégation des dix que le Ministre espère de recouvrer dans l'année sur les avances en............. 102 millions.

Ces avances, qui étaient originairement de 40 millions, et qui se trouvent ainsi réduites à 30, deviennent, après toutefois en avoir retiré 17 dont M. Bricogne gratifie la ville de Paris, des billets de banque qu'il s'agit seulement de remettre au porteur de caisse, pour en avoir le montant.............. 13 ½

Les effets publics qui ne sont réalisables que par la volonté des Chambres, puisque le Ministre leur défère la question de savoir si on les gardera, deviennent...................... 66 ½

Et les débets de comptables, quoique dus par des gens expropriés, expatriés, etc., etc.; n'en sont pas moins des billets de banque pour......... 5

Le tout sans en rabattre un denier, *réalisé ou réalisable à volonté*, pour.... 187 millions.

Voilà pour la première situation. La seconde se compose de la manière suivante.

_____

(1) Tout autre à ma place aurait dit 26 millions, parce qu'il n'y aurait pas ajouté les 16 en compte courant à la banque.

BESOINS en 1819 (*V*. p. 43).

Il sera payé sur 186 millions . . . . 136 millions.

   sur 176——dette flottante *Mémoire*.

   sur 889——— de l'exercice

      1819 749

  sur 1,251 . . . . Total 885

RESSOURCES en 1819 (*V*. p. 44).

En caisse, en numéraire . . . . 92 millions.

Effets appartenant au trésor 66

Avances, 40,761,000 fr. réalisables (tou-

 jours après les 17 millions gratifiés à

 la ville de Paris) 23

Restant à recouvrer sur 1818 35

Recettes certaines en 1819 sur 889 mil-

 lions, montant du budget 849

Le total des ressources réalisables et dis-

 ponibles pendant l'année 1819 sera

 au moins de . . . . 1,065 millions.

Les besoins ou paiemens à faire sur 1,251

 millions n'étant au plus que de 885

« Au 1er janvier 1820 il y aura un véri-

« table excédant de ressources au

« moins de . . . . 180 millions.

« Au lieu du déficit prétendu de 48,900,000

  Comme M. Bricogne a toujours une intention
dans ce qu'il fait, et qu'il a eu la bonté de bien

mettre à découvert toutes celles qui l'ont porté à faire sa brochure, je le prierai de me faire connaître celle qu'il a eue d'omettre dans cette situation les 5 millions de débets de comptable. Aurait-il par hasard découvert que tous ces comptables débiteurs étaient des contribuables de Paris, ayant, comme l'on dit, pignon sur rue, et conséquemment Él...... Je me serais également permis de lui demander pourquoi il appelait les 180 millions excédant de ressources, tandis qu'ils ne sont que des excédans de recettes, si je n'en avais trouvé l'explication en récapitulant ses conclusions auxquelles je passe aussitôt.

Au 1er janvier 1819, 187 millions étaient réalisés ou réalisables à volonté.—Donc......

Au 1er janvier 1820, il y aura un excédant de *ressources* de 180 millions,—Donc.......

Donc il faut diminuer la contribution foncière de 1819, de 50 millions sur lesquels 5 millions seront appliqués à la ville de Paris.

On voit maintenant pourquoi M. Bricogne a innocemment converti un excédant de recette, qui est la chose la plus insignifiante du monde dans la question, en un excédant de ressources qui lui était indispensable pour que son raisonnement ne fût point absurde. Mais sa conclusion en est-elle moins plaisante? Quoi!

parce que les *recettes* à une époque quelconque
auraient excédé les *paiemens* à la même
époque, vous prétendriez que les *ressources*
destinées à faire tous les paiemens nécessaires,
doivent être diminuées; et, vous étayant d'un abus
déplorable qui naît de la lenteur portée dans le
réglement et l'acquittement de nos dépenses
publiques, vous fonderiez ainsi une mesure
désastreuse sur cet abus le plus dispendieux,
et conséquemment le plus ruineux de tous,
qu'il est du devoir comme de l'honneur de
l'administration de faire disparaître le plus
tôt possible! Mais y avez-vous bien pensé? C'est
comme si vous disiez à un banquier : « Vous
« êtes en déficit de 114 millions; votre bilan
« de l'année dernière l'augmente de 18 et le
« porte à 132. Il est très-probable qu'il s'ac-
« croîtra encore dans les années suivantes;
« mais ne vous occupez pas de ces bagatelles.
« Aviez-vous en caisse ou en porte-feuille au
« 1er janvier dernier 187 millions, oui ou non?..
« N'en aurez-vous pas à peu près autant au 1er jan-
« vier prochain, puisque je vous l'assure?... Eh
« bien, que vous importe le carnet d'échéances!
« Croyez-moi, continuez à faire des comptes
« chez l'épicier, chez l'apothicaire, chez tous
« vos fournisseurs, comme vous l'avez fait
« jusqu'à présent; 50 millions vous seront

« ainsi inutiles; eh bien ! dispensez-vous de les
« recevoir. Du reste, si une aile de votre maison
« vient à tomber, si vos champs sont ravagés
« par la grêle ou les ouragans, vous ferez
« comme le *Garçon sans souci.* Vous verrez
« alors comment vous en tirer. »

Ce raisonnement porte son remède avec lui :
c'est une mystification dont les seuls ennemis
du banquier pourront rire, s'il est assez dupe
pour s'y laisser prendre, mais contre laquelle
tous les gens de bien se feront un devoir de le
prémunir autant qu'ils le pourront, fussent-ils
même intéressés dans le non-recouvrement des
5o millions que vous auriez conseillé.

Ainsi donc je prends votre proposition,
d'après les deux premières situations, pour
une facétie que vous avez lancée: *vaille que
vaille*, et je n'y reviendrai plus dès que je vous
aurai fait deux petits reproches qui trouvent
ici leur place.

Vous prétendez (p. 15) que maintenant le
talent d'un Ministre doit se montrer dans la
réduction de la dette flottante. Est-ce encore
une plaisanterie, ou parlez vous sérieusement?
Si vous parlez sérieusement, je suis de votre
avis ; car, comme la dette flottante est malheureusement une dette qu'il faudra bien payer
avec des impôts un jour ou l'autre, je trouverais

un fameux talent à un ministre qui aurait le moyen de l'éteindre sans recourir à l'expédient si vulgaire des impôts. Mais si vous continuez à plaisanter, j'ai une opinion tout-à-fait opposée à la vôtre; car je trouve bien clairement que le meilleur Ministre que nous pussions avoir aujourd'hui, serait celui qui augmenterait la dette flottante; voici mon avis, et je ne doute pas que vous ne le goûtiez. Si, comme vous le proposez, les réductions d'impôt doivent se combiner d'après les sommes qui seront en caisse, pour peu que le Ministre sache son affaire, il n'augmentera pas la dette flottante gratuitement et pour rien. S'il recouvre seulement moitié de la valeur de cette dette, il faudra bien qu'il mette cette valeur quelque part; et, comme ce sera dans les caisses, dans les porte-feuilles ou dans les avances, voire même dans les débets qu'il la mettra, nous y trouverons l'année prochaine un texte excellent pour demander une nouvelle réduction.

Le second reproche que je voulais vous faire, était d'une autre nature. Je voulais vous dire que la comparaison que vous aviez faite (p. 44) de votre ressource de 180 millions (qui certainement vous appartient bien comme l'ayant créé), avec les 48 millions de déficit du Ministre, n'était pas tout-à-fait exacte, et que ces deux

points n'avaient aucune espèce de rapport entre
eux ; je voulais vous faire remarquer que, de
la manière dont votre rapprochement était fait,
il semblerait que le Ministre aurait encore voulu
comprendre, dans les *épluchures*, une petite
somme de 228 millions : ce que vous n'avez
pas voulu dire. Mais je m'aperçois à propos que
je donne moi-même dans la mystification, en
voulant suivre sérieusement vos calculs, et je
passe bien vîte à votre troisième situation.

Vous prétendez que la plus faible évaluation
des impôts indirects pour 1819 ne peut être
au-dessous de leurs produits en 1818, et, sur
cette prétention qui est du moins raisonnable,
vous fondez la nécessité d'ajouter 26 millions à
l'estimation des recettes du budget de 1819.

Il n'y a pas de doute que, si toutes les circonstances sont restées égales, les produits de
1818 doivent être la seule base pour les estimations de 1819; mais il est également hors de
doute que, si les circonstances ont changé, les
estimations de 1819 doivent s'en ressentir en
bien ou en mal, selon la cause des changemens.

Le tableau que vous avez inséré à la page 47
de votre ouvrage, pour démontrer ce que les
revenus des quatre années qui ont précédé 1819
avaient produit au-delà des estimations, était
précisément le fil conducteur qu'il vous fallait

suivre pour arriver à là connaissance des changemens qui devaient influer sur 1819; mais il ne fallait pas vous borner, comme vous le faites, dans toutes les questions que vous traitez, à ne vouloir regarder que ce qui, vraisemblable ou non, vrai ou faux, sert vos vues. Je vais vous montrer comment il fallait faire.

D'abord rechercher les évaluations et les produits de ces quatre années, défalcation faite de tous emprunts, soit en rentes, soit en cautionnemens.

Vous auriez trouvé :

	Evaluations.	Produits.
Pour 1815..............	604,167,500	615,305,000
1816...............	735,366,661	742,056,400
1817.............	757,608,667	759,128,667
L'exercice de 1818 se serait présenté à vous chargé, dans les évaluations comme dans les produits, de 104,154,000 pour frais d'administration et de régie des cinq administrations financières; lesquels frais, figurant pour la première fois au budget, vous auriez d'abord défalqué pour comparer avec les années précédentes..............	771,697,975	811,546,975
Après quoi vous auriez porté le brut, pour servir de terme de comparaison à 1819, ci..	875,851,975	915,700,975
Et, rapprochant alors l'évaluation du budget de 1819..	....	889,210,000
Vous auriez trouvé une diminution de..............	....	26,490,975

La marche que vous avez prise vous a fait
trouver cette diminution aussi bien que celle
que je vous fais suivre ; mais ici commence
l'avantage que vous auriez retiré de la mienne.

Vous auriez vu que les produits de 1817, sur
lesquels s'était fait sentir toute l'influence de la
loi du 28 avril 1816, avaient éprouvé, en 1818,
une augmentation de 52 millions.

En recherchant la cause de cette augmentation extraordinaire, vous auriez d'abord examiné si elle ne provenait pas de quelque dispo-
sition importante introduite dans la législation
de 1817 ; et, vous reportant alors à la loi du
25 mars de ladite année, vous y auriez trouvé,

1.º Que le titre 6 ne prononçait que des modifications à la loi du 28 avril 1816 sur les droits
d'enregistrement et de timbre ;

2.º Que le titre 7 prescrivait un nouveau régime par rapport aux boissons, aux huiles et
aux voitures publiques, dont les droits sont
perçus par l'Administration des contributions
indirectes.

Ces renseignemens vous auraient démontré
que l'augmentation de 52 millions ne pouvait
pas être attribuée à la législation, pour tous
les produits autres que ceux confiés à l'administration des contributions indirectes, et qu'elle
était nécessairement l'effet des circonstances
qui, en 1818, avaient été différentes qu'en 1817.

Et alors recherchant les produits de l'administration des contributions indirectes en 1817 et 1818, pour mesurer comment les dispositions nouvelles de la loi du 25 mars 1817 avaient agi sur eux, vous auriez trouvé que ces produits s'étaient élevés, en 1817,

net à.. 101,404,000

Et, en 1818, brut à 175,937,000 fr.,
  d'où, déduisant 46 millions pour frais
  de perception et de régie (loi du 15 mai
  1818), il reste en produit net......... 129,937,000

    Augmentation en 1818.......... 28,533,000

Vous auriez conclu que l'augmentation de 52 millions présentée par la comparaison des produits de 1817 avec ceux de 1818 en faveur de ces derniers, devait être attribuée aux circonstances pour 24 millions, et tout à la fois aux circonstances et à la législation pour les 28 millions que l'Administration des contributions indirectes avait produits.

Après avoir reconnu que, dans le budget de 1819, les contributions indirectes étaient portées brut pour 174,834,500 fr., tandis qu'elles avaient produit, en 1818, 175,937,000 fr., également brut, vous auriez appris que 1,102,500 fr. montant de la diminution en 1819, était la part que le Ministre avait donnée aux circonstances dans l'augmentation de 1818, et vous auriez définitivement conclu que la diminution

de 25 millions, sur les estimations de 1819 comparativement aux produits de 1818, devait être
attribuée au changement des circonstances.

Et commençant alors une investigation d'une
autre espèce, afin d'apprécier l'effet des changemens survenus entre 1818 et 1819,

Vous auriez vu que l'immense introduction
de marchandises qui avait eu lieu en 1818, et
qui en avait précipité le cours d'une manière si
fâcheuse pour les spéculateurs, ne pouvait pas
se soutenir en 1819; et que, conséquemment,
le produit des douanes devait fléchir dans une
proportion beaucoup plus forte que celle prévue
par le budget;

. Vous auriez vu que les opérations de banque
et de change résultant du mouvement imprimé
en 1818 aux spéculations de tout genre, s'é-
taient terminées par une effroyable crise, résultat inévitable des faillites occasionnées par
la baisse des marchandises, par celle des effets
publics, et par le mouvement désordonné des
affaires en général; qu'il devait en résulter une
diminution très - sensible dans le produit du
timbre, et qu'il était fort incertain que celui de
l'enregistrement pût se soutenir, parce que l'accroissement de recette provenant des mauvaises
affaires et des poursuites qui en dérivent devait

être plus que compensé par l'effet du resser-
rement des capitaux;

Vous auriez vu que le produit des coupes de
bois devait être nécessairement diminué de
celui de tous les bois qui avaient été vendus
en 1818 ; et, par analogie, vous auriez vu que
la recette du budget général devait être diminuée de la rente des effets publics dont vous
déterminiez la vente ;

Vous auriez vu que les loteries, qui ont donné,
en 1818, un produit brut de 17 millions; lequel,
diminué de 4 pour les frais d'administration et
de régie, restait à 13, ne devait pas figurer
dans le budget de 1819 pour cette dernière
somme de 13 millions, parce que, si l'évaluation
de 1818 portée brut à 12 millions et net à 8, avait
été dépassée de 5, celle de 1817, également
portée à 8, avait été trompée de plus de 2, et
n'avait effectivement donné que 5,646,000 fr.
La passion peut sans doute, à l'égard de ce
produit, se faire les plus brillantes illusions; il
est même possible que le hasard les favorise;
mais la sagesse commande de les réprimer, et
de ne compter sur des améliorations extraor-
naires qu'après leur réalisation.

Conduit alors à savoir qu'une crise avait existé
en 1818, vous vous seriez informé de ses effets,
et vous auriez appris que, loin qu'ils fussent

arrêtés, il était même impossible de leur as-
signer un terme; que les affaires étaient dans
une telle stagnation ou la confiance tellement
détruite (et peut-être l'un et l'autre), que les
recettes générales de Marseille et de Lyon en-
voyaient à Paris l'excédant de leurs recettes en
numéraire, à défaut de toute espèce de papier
de commerce. Que de réflexions cette seule
circonstance ne vous eût-elle pas suggérées? Lorsque ces deux villes, si importantes par leur commerce et leurs manufactures, en sont réduites
à cette extrémité, quel doit être le sort des
autres villes du royaume? Quand et comment
ces écus si péniblement déplacés reviendront-
ils aux lieux d'où ils sortent, et où la circulation, le besoin des industries de toute espèce
commandaient leur présence? Quel sera l'effet
de ce déplacement sur leur industrie, sur tous
nos produits indirects en général, et subsidiai-
rement sur nos frais de négociation?

Ces hautes considérations, dignes de tout le
talent d'un ami sincère de son pays, et surtout
de la vérité, n'auraient pas borné leur influence
à vous démontrer que le budget de 1819 était
rédigé sans atténuation avec autant de loyauté
que de discernement, et qu'il était même à redouter que ses évaluations ne pussent pas être
réalisées; elles vous auraient encore prémuni

contre les erreurs qui vous sont échappées au sujet des frais de négociation. Elles auraient infailliblement atteint ce dernier but, soit directement, en les rattachant aux grands effets que je viens de développer, soit indirectement, en vous mettant en garde contre vos rapprochemens toujours inexacts, parce qu'ils sont toujours incomplets.

Et alors convaincu que la sagesse, d'accord avec toutes les probabilités, interdisait de compter sur une augmentation de revenus indirects en 1819, vous auriez renoncé à votre ouvrage, concentré votre humeur, et attendu un moment plus favorable pour l'exhaler ; et si le sort des contribuables, effectivement bien à plaindre, vous eût tant tenu à cœur, vous auriez cherché dans la diminution des dépenses les moyens qu'un accroissement de recettes ne pouvait pas vous donner. Cette mine, riche pour tout le monde, eût produit dans vos mains les plus grands résultats. C'était à votre expérience dans les affaires, à la sagacité de votre esprit, qu'il appartenait de dévoiler les abus sans nombre qui accablent notre administration générale, de montrer l'inutile et coûteuse complication qui existe dans ses rouages, et d'exposer les moyens d'y remédier. C'est par-là qu'une plume comme la vôtre devait servir son pays, la vérité et vous-même.

Et si, dans cette noble entreprise où le froissement de quelques intérêts est inévitable, vos combinaisons particulières avaient été contrariées, vous n'auriez pas écrit, et vous auriez du moins la satisfaction de n'avoir pas contribué à favoriser des idées qui peuvent devenir funestes à votre pays.

Il demeure donc démontré que toute réduction sur les impôts de 1819, qui serait fondée ou sur l'état de nos finances au 1er janvier 1819, ou sur l'augmentation de nos produits indirects pendant ladite année, est impraticable, et qu'il n'y a de réduction convenable à opérer qu'autant qu'il en serait fait, non dans les crédits qui sont demandés par les Ministres, mais dans les dépenses qui sont proposées par le budget.

CHAPITRE III.

Une réduction d'impôts sera-t-elle possible en 1820?

Je m'empresse de répondre affirmativement à cette question, pourvu que la parfaite tranquillité dout nous jouissons ne soit pas troublée; car il n'y a point d'amélioration à espérer sans cette condition indispensable.

Mon opinion n'est déterminée ni par le désir de flatter les intérêts ni par le besoin de céder

à un vœu généralement exprimé ; je la fonde
sur l'amélioration de l'administration générale,
sur l'assiette que nos impôts indirects auront
acquise, et principalement sur l'entier accom-
plissement du budget proposé pour 1819.

De l'amélioration de l'administration générale.

Cette amélioration n'est plus douteuse aujourd'hui pour quiconque a suivi la discussion
des Chambres depuis deux ou trois sessions.
Le Ministère des finances commença, l'année
dernière, à être examiné sur la forme et sur
le fonds de ses comptes. La Chambre des Députés, n'en ayant pas été satisfaite, le dit ; et,
dès cette année, le Ministère est venu prendre
en quelque sorte des engagemens pour l'avenir,
en reconnaissant la défectuosité du passé. Sa
franchise n'a pas empêché que les comptes
qu'il avait présentés n'aient subi une vérification
approfondie dont le résultat l'aurait éveillé sur
ses obligations futures, s'il n'en avait pas été
parfaitement pénétré.

Mais on s'abuserait étrangement, si l'on pen-
sait que, tandis que le Ministère des finances est
ainsi recherché sur sa comptabilité, les autres
Ministères sont parfaitement tranquilles sur la
leur, et attendent paisiblement qu'on vienne

4

jusqu'à eux pour en réparer les imperfections, s'il en existe.

Les comptes sont le seul moyen, pour les particuliers comme pour les états, de juger ce qu'il convient de faire, d'après la connaissance du passé, pour corriger ou perfectionner l'avenir. . . . . La nécessité des comptes amène toujours celle de leur clarté et de leur exactitude, parce que, si cette condition n'est pas remplie par celui qui les rend, elle est exigée par celui qui les reçoit. . . . . . La clarté et l'exactitude dans les comptes produisent nécessairement la régularité des opérations, appellent la méditation de tous les hommes d'état qui en avaient été repoussés jusqu'alors, et rendent ainsi communes à chacun les affaires de tous.

Ces combinaisons doivent infailliblement produire deux effets qui promettent tous les deux les moyens d'une grande réduction d'impôts en diminuant la dépense.

Le premier de ces effets est la construction d'une vaste maison de verre, dont l'accès sera parfaitement libre, et où seront adjugées toutes les affaires concernant la vente ou l'achat des objets applicables au service public, afin que le mot *concurrence* ne soit plus vide de sens.

Le second est d'amener la révision des rouages de l'administration et leur simplifica-tion, de manière à obtenir *plus* et *mieux* avec *moins*.

De l'assiette acquise par nos impôts indirects.

La loi du 28 avril 1816 a changé le tarif de presque tous les droits qui sont perçus par les administrations financières, et celle du 25 mars 1817 a porté de nouveaux changemens aux dis-positions prescrites par celle du 28 avril sur plusieurs droits perçus par l'administration des contributions indirectes.

Il suit de ce simple fait que nous n'avons que deux années de perception pour nous faire une juste idée des produits de l'enregistrement et des douanes sous le régime de la législation actuelle, et une année seulement pour ceux des contributions indirectes; car il ne faut compter, dans aucun cas, l'année où les lois ont été rendues, parce que la publicité et la durée de leur discussion ont dû nécessairement in--fluer sur les opérations qui font la base de ces produits.

Une si courte expérience ne peut fournir que des données bien imparfaites sur le dé-veloppement que nos produits indirects peu-

4 *

vent obtenir; et si l'on réfléchit que cette
expérience a eu lieu sous l'empire d'une circonstance aussi extraordinaire que l'occupation
étrangère, qui a dû nécessairement avoir une
très-grande influence en bien comme en mal
sur les produits des douanes et des contributions indirectes, on reconnaîtra que ces données
ne méritent qu'une confiance très-limitée et
susceptible de justification.

L'année 1819 pourra donner cette justification : libre de toute influence étrangère, elle
nous montrera tout ce que nous pouvons par
nous-mêmes; les événemens qui l'auront af-
fectée seront dans l'ordre de ceux qui, dans les
temps ordinaires, se reproduiront chaque année; et, par leur rapprochement avec les
données précédentes, nous pourrons fixer
raisonnablement nos idées sur le produit de
nos impôts indirects.

Il est de l'essence de cette espèce d'impôts de
se soutenir dans les temps ordinaires et d'augmenter dans les temps prospères, comme il
est dans la nature de l'homme d'admettre les
chances heureuses et de repousser celles qui ne
le sont pas.

En nous abandonnant à cette loi commune,
nous pourrions donc annoncer une augmenta-

tion probable sur nos impôts indirects ; mais nous aimons mieux la fonder sur la révision dont quelques articles de nos tarifs nous paraissent susceptibles, et qui, en diminuant les prix, accroîtront les revenus.

Ainsi une réduction d'impôts, en 1820, est très-probable d'après la réduction de nos charges par l'effet de l'amélioration de l'administration générale, et d'après l'accroissement de nos impôts indirects résultant de la révision des tarifs ; d'où je conclus qu'une réduction d'impôts sera possible en 1820, et qu'elle sera d'autant mieux assurée qu'elle aura pour base les résultats de 1819.

CHAPITRE IV.

La contribution foncière doit-elle profiter de toute la réduction qu'il sera reconnu possible d'opérer en 1820 ?

Résoudre affirmativement cette question, ce serait prouver qu'on ne l'a pas examinée ; et, entreprendre de le démontrer en quelques lignes, ce serait prouver des vues trop étroites pour l'examiner.

Tout se lie dans ce monde. Convaincu que ce n'est jamais en vain qu'on méconnaît cette vérité absolue ; également convaincu qu'un

gros volume suffirait à peine pour traiter raisonnablement la question proposée, je me bornerai
à présenter quelques observations propres à
indiquer que la contribution foncière ne doit
pas profiter seule de toute la réduction, et
j'examinerai ensuite l'effet de cette réduction
sous le rapport politique.

Il est très-vrai qu'une réduction sur l'impôt
foncier ajoute à la valeur de l'objet dégrevé
une valeur égale au capital de la réduction mul-
tiplié par le taux commun du revenu. (Ce taux
commun est du denier 5 au denier 4, et conséquemment de 20 à 25 pour un.)

Cette vérité n'est pas neuve : elle est connue
depuis long-temps, mais elle est, comme tant
d'autres, susceptible de grandes modifications
dans son application.

On demandera d'abord quelle est l'utilité de
cette multiplication de valeur par la réduction
de l'impôt? Il sera très-facile d'y répondre, en
disant qu'elle augmente la richesse nationale et
la fortune particulière. Mais ensuite quand on
demande quelle est l'utilité d'une richesse ou
d'une fortune, qu'on reconnaît que cette utilité
gît principalement dans la puissance de disposer, et qu'on trouvera cette puissance de
disposer détruite en quelque sorte par un
impôt prohibitif, il faudra bien nécessairement

examiner l'effet de cet impôt pour le combiner
avec la puissance de disposer ; de là vient la
nécessité de faire participer à la réduction les
droits de mutation.

Les personnes qui ne regardent que les su-
perficies, s'empresseront de nier la nécessité de
cette participation, et prétendront que la valeur d'un champ qui sera dégrevé de 5 fr.,
étant augmentée de 100 fr., le propriétaire
trouvera, dans cet accroissement de valeur, un
dégrèvement suffisant du droit de mutation.
Cette démonstration leur paraîtra suffisante, et
moi je le nie. Calculons.

Un champ rapporte aujourd'hui 125 ; il paie
une contribution foncière de 25 fr., égale au
1/5 du revenu, et il rend net au propriétaire
100 fr. Dans l'état actuel, ce champ vaut 2000 fr.
au denier 5 : si on réduit la contribution foncière de 1/6 (car 30 millions font à peu près
le 1/6 de 172), la contribution foncière de ce
champ se réduira à 21 fr., le revenu net du
propriétaire sera de 104, et la valeur de son
champ de 2,080 fr., ce qui donne un accroissement de valeur de 80 francs.

La puissance de disposer n'est utile que pour
celui qui a la volonté ou le besoin de disposer.
Le nombre des propriétaires en France, qui ont
la volonté ou le besoin de disposer, n'est pas

le plus grand, il est le plus petit. Les droits
de mutation sont excessifs; ils sont de 10 à 12
pour cent sur les petites acquisitions, de 7 à 9
sur les moyennes, et de 6 et demi à 7 sur les
grosses. Cette inégalité provient de ce que les
formalités nécessaires pour devenir propriétaire
incommutable d'une petite acquisition, sont les
mêmes que pour la plus grosse, et coûtent aussi
cher.

L'accroissement de 80 fr. sera-t-il suffisant
pour indemniser le propriétaire, qui vend son
champ, du droit excessif de 10 à 12 pour cent,
qui sera prélevé sur sa misère ou sur ses mal-
heurs? direz-vous que ce n'est pas lui qui le
paie, mais que c'est l'acquéreur? Ah! exa-
minez plutôt si le malheureux qui se dépouille
jouira de l'accroissement de valeur que vous
croirez lui avoir accordé, et si l'acquéreur
ne voudra pas y avoir sa part?

Informez-vous également si, toutes choses
restant égales, le propriétaire jouira bien de
tout l'accroissement de revenu que vous aurez
voulu lui accorder par la réduction de la contribution, et s'il ne sera pas obligé de partager
cet accroissement avec les consommateurs. Les
calamités dont nous avons été accablés depuis
vingt ans, et l'accroissement progressif des impôts qui en ont été la suite, ont fourni assez de

moyens d'étudier cette importante question, et sans doute nous apprendrons un jour qu'elle a été utilement étudiée ; mais, en attendant, revenons aux droits de mutation.

J'ai dit que ces droits étaient excessifs, et j'ai démontré qu'ils étaient inégaux. Je pourrais en conclure la nécessité de les réduire ; mais ce n'est pas par des raisonnemens qui me mèneraient trop loin que je veux rendre cette nécessité évidente, c'est par les faits.

Les petites acquisitions sont les plus nombreuses et les plus fréquentes. On a vu que les formalités pour les assurer étaient les mêmes que pour les grandes acquisitions, et qu'elles étaient aussi coûteuses. Il résulte, de ces deux causes réunies, que, la majeure partie des petites acquisitions ne pouvant pas être assurée, parce qu'on ne peut pas payer tous les frais qui seraient occasionnés par toutes les formalités, on néglige même la principale, qu'on acquiert par acte sous seing, et que tous les droits sont perdus pour le fisc, parce qu'ils ont été excessifs.

Que le fisc perde des droits aussi injustement établis, cela se conçoit ; qu'il frappe le fraudeur d'une amende lorsqu'il le découvre, cela se conçoit encore. Mais qu'une famille soit compromise dans son existence ; qu'elle puisse être

dépouillée par les recours de toute espèce qui seront ouverts sur son acquisition à défaut d'avoir rempli les formalités qu'elle n'a négligées que parce qu'elle ne pouvait pas en payer les frais excessifs, cela ne se conçoit plus dans un ordre de civilisation , et j'entends déjà les propriétaires vous dire : « Avant de m'accorder un accroisse-
» ment incertain de 80 francs, facilitez-moi les
» moyens d'assurer mon capital de 2000 francs. »

Ces observations démontrent assez que la contribution foncière ne doit pas participer seule à la réduction qu'il sera possible de faire , et j'ajouterai que la part de réduction qui sera accordée aux droits de mutation deviendra bientôt disponible par l'accroissement inévitable de ce produit dès que le tarif en sera diminué.

Il me reste à examiner quel serait l'effet d'une réduction de la contribution foncière sous le rapport politique.

Lorsque la Charte nous fut octroyée en 1814, les électeurs concourant à la nomination des députés surent qu'ils ne pouvaient avoir droit de suffrage s'ils ne payaient une contribution directe de 300 fr. , et qu'aucun député ne serait admis dans la chambre s'il ne payait une contribution de 1,000 fr.

A cette époque , chaque Français put et dut examiner sa situation ; et, selon qu'il payait

3oo fr. ou 1,000 fr., il fut fondé à se croire apte à être électeur ou éligible.

Là qualité d'électeur ne pouvant être exercée que sous une condition qui n'était pas suffisamment définie (celle des 3oo fr.), il était clair que le droit de suffrage devait être réglé plus tard par la loi.

Cette loi est venue en 1817, et a conféré le droit de suffrage à tous les électeurs payant 3oo fr.

Il n'y a point de doute que chaque électeur qui payait 3oo fr. de contribution directe lors de la promulgation de la Charte et qui continuait à les payer lorsque le droit de suffrage a été réglé par la loi, a dû se considérer comme investi de ce droit, tant que les bases sur lesquelles il reposait seraient les mêmes à son égard.

Or, ces bases étaient, à son égard, la possession d'un domaine, parce que, pour ce domaine, il payait une contribution directe de 3oo fr., laquelle lui conférait le droit.

Ce domaine est resté le même, et cependant l'électeur perd son droit de suffrage, parce qu'il survient une réduction considérable dans la contribution directe.

Le droit de suffrage et celui de représenter

sont assez importans dans un état pour qu'ils ne puissent être détruits que par une loi positive.

Il semble que cette destruction ne peut pas, et même ne doit pas dériver d'une circonstance accessoire.

Elle en dériverait cependant, si un seul droit dont le principe a été reconnu en 1814 et dont l'exercice a été réglé en 1817, cessait d'exister par le fait d'une réduction quelconque sur la contribution directe.

Mais si une telle réduction peut avoir lieu, une plus considérable pourrait donc être faite également ; et quel en serait le terme ?

Une contribution directe n'est pas indispensable à l'existence d'un état : il peut également subsister avec des produits indirects.

Si une contribution directe n'est pas indispensable à l'existence d'un état, on peut donc la supprimer.

Mais, sans la supprimer, si on peut la réduire, où s'arrêtera cette réduction ? ne peut-elle pas arriver à tel point qu'il n'y ait plus en France qu'un très-petit nombre d'électeurs ayant droit de suffrage.

La Charte a prévu le cas où il n'y aurait pas au moins cinquante éligibles dans un département, mais elle n'a pas prévu celui où le nombre des électeurs serait trop restreint.

J'abandonne aux publicistes ces considérations beaucoup trop élevées pour moi, mais elles me conduisent à penser que toute réduction de la contribution directe doit être précédée d'un examen approfondi de ses effets.

Conclusion générale.

Un déficit de 142,279,111 fr. sur le service au 1er janvier 1819 et l'incertitude qui règne sur le produit de nos impôts indirects, interdisent toute réduction sur les impôts de 1819. Cette réduction, si ardemment et si justement désirée, sera possible en 1820, si nous conservons la tranquillité dont nous jouissons, et si l'administration générale réalise les améliorations qu'on doit attendre d'elle.

Lorsque cette réduction sera possible, il conviendra d'examiner mûrement les impôts qui devront y participer.

FIN.

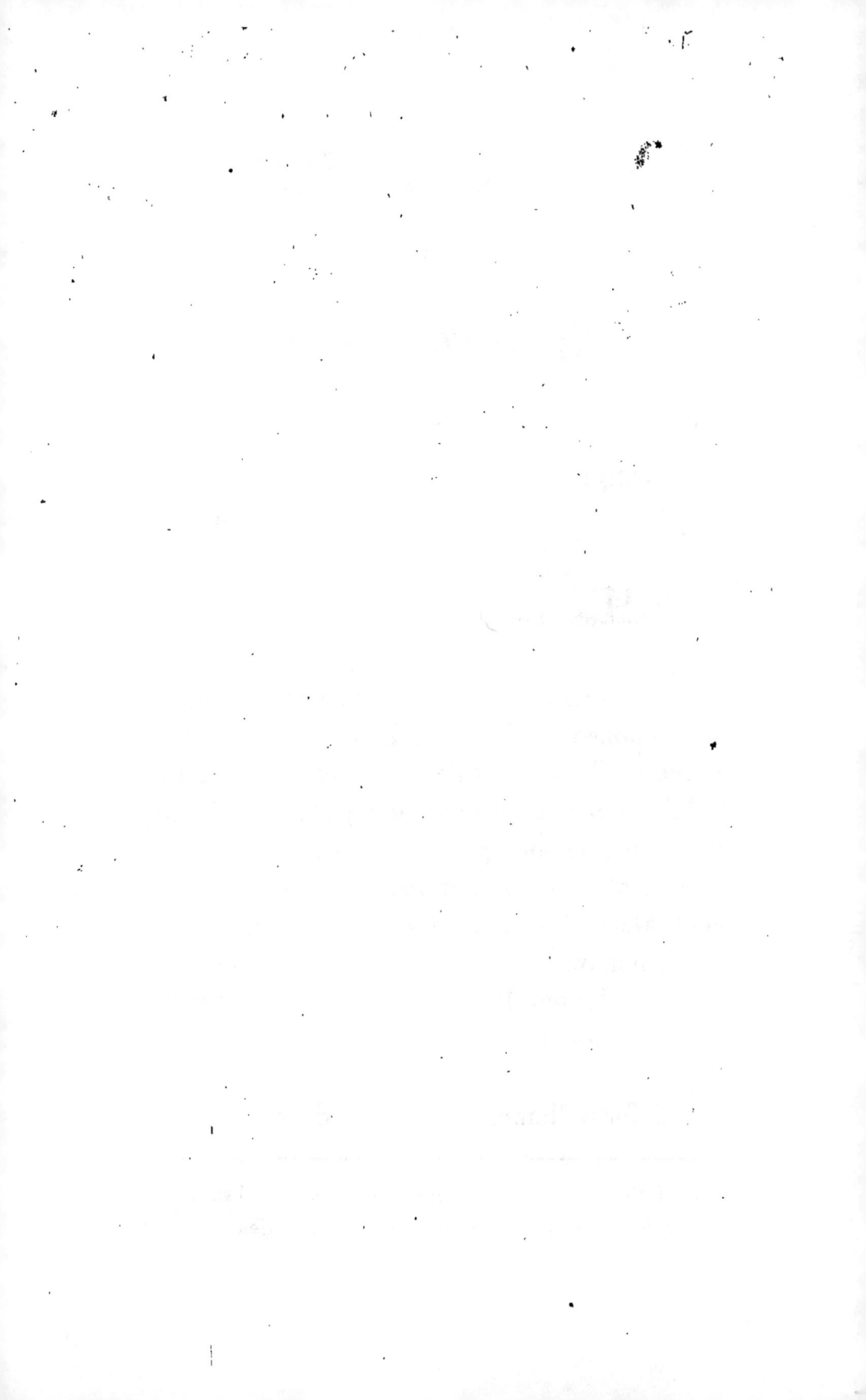

UN SECOND MOT (1)

A

M. BRICOGNE.

Paris, ce 31 mai 1819.

Monsieur,

Je m'étais bien attendu que vous trouveriez ma réponse peu claire, inintelligible même, parce qu'il n'est pas de plus mauvais sourd que celui qui ne veut pas entendre; et, à cet égard, nous ne pouvions pas être en difficulté, parce que je n'avais pas fait ma réponse pour vous seul. Mais j'étais loin de penser que vous étendriez mon obscurité jusque sur ma préface, afin de vous donner le droit de dénaturer mes intentions, lorsque je les y ai si clairement exprimées.

J'ai formellement annoncé, dans cette pré-

---

(1) Celui-ci ne sera pas délayé en 61 pages; il sera plus resserré, et j'espère que vous l'entendrez mieux.

face ; que je ne prenais la plume que pour
défendre la chose publique, radicalement at-
taquée par votre proposition de réduire la contribution foncière de 50 millions dès 1819.

Méconnaissant une intention aussi clairement
exprimée, vous me transformez en défenseur
des comptes de la comptabilité, et vous ne voulez voir en moi qu'un subordonné qui écrit *par
ordre* sous la dictée de ses supérieurs. Cette mé-
tamorphose a pu vous paraître plaisante ; mais,
comme elle blesse la vérité, trouvez bon que
je la repousse.

Il m'a été trop pénible d'employer mes raisonnemens à démontrer qu'une réduction en
1819 était impraticable, pour que je puisse
souffrir que vous les esquiviez aussi facilement.

Vous n'êtes plus ici sur le chapitre des comptes,
terrain commode sur lequel on peut déraison-
ner et battre la campagne tout à son aise. Il
s'agit d'une question unique que vous avez
élevée et que vous ne pouvez plus éluder sans
confesser votre imprudence , sans accepter la
honte de votre défaite.

Je viens donc continuer le combat et rétablir
ce que vous avez dénaturé. Ma marche sera
simple : j'examinerai comment vous soutenez

vos propositions , et comment vous répondez aux attaques que je leur ai faites.

Je n'imiterai point votre exemple en vous prêtant des erreurs, je vous ferai grâce au contraire de quelques-unes ; et d'abord j'oublie que vous ayez prétendu que c'était la contribution foncière qu'il fallait diminuer de 5o millions , parce que tout le monde a été unanime sur l'absurdité de cette prétention , et je suppose que , de toute éternité , vous vous êtes borné à demander une *réduction d'impôts* de 5o millions, sans préciser ceux qui devaient participer à cette réduction.

Sonnant la victoire avant la charge , vous aviez , disiez-vous , *marché à la conquête* de cette réduction par trois situations différentes. Deux n'ont pu soutenir l'examen , elles ont disparu au premier regard , et leur destruction n'a tourné qu'à votre confusion , aussi ne les avez-vous pas reproduites.

La troisième , qui était l'augmentation des produits indirects en 1819 , étant devenue par là votre armée, votre réserve, votre tout enfin, vous lui avez confié votre salut. J'ai eu beau vous prévenir qu'elle ne pouvait pas l'assurer , et soutenir mes avis par les raisons les plus concluantes ; loin d'en tenir quelque compte , vous avez au contraire enchéri sur vos prétentions déjà insoutenables.

Dans votre *Situation au vrai* vous ne de-
mandiez (page 49) qu'une augmentation totale
de 50 millions , dans laquelle vous faisiez entrer les boissons pour 15 à 20 ; mais , dans
votre *Réponse* (page 6) , vous élevez cette augmentation à 56 millions , parce que vous y com-
prenez les boissons pour 20 à 25.

Pour appuyer cette proposition , vous rap-
portez des faits qui servent précisément à la
démentir.

Vous reconnaissez que tous les produits indirects n'ont donné , dans le premier trimestre
de 1819 , que 121 millions , et qu'ils sont portés
au budget de l'année pour........ 488 millions.

On ne peut tirer de ce fait
qu'une seule induction raisonnable, qui est l'espérance que les
trois derniers trimestres produiront autant que le premier : or,
121 millions, multipliés par 4,
donneront.................... 484 millions.

Et le budjet présentera un déficit de.................... 4 millions.

Un courage ordinaire se serait arrêté devant
ce résultat, qui prouve évidemment que le budget
n'est pas *attenué* , et qui prouverait au besoin
qu'il est forcé ; mais le vôtre n'est pas à de

si faibles épreuves (1); et, vous lançant dans la
région des chimères, vous prétendez, sans en
donner de motifs, et sans qu'on sache pourquoi,
que les derniers trimestres produisent toujours
plus que le premier.

Après avoir fait jaillir cette augmentation de
votre cerveau, il a fallu d'abord l'évaluer et
ensuite la soutenir.

Pour l'évaluer, vous avez éprouvé quelques
embarras; vous étiez incertain entre 15 et 20
millions par trimestre; vous avez donné la pré-
férence à 15, parce que c'était moins exorbi-
tant et conséquemment moins extravagant:
mais 15 par trois, nombre des trimestres à venir,
ne donnaient que 45 qui, moins 4 montant du
déficit, se réduisaient à 41. Pour arriver à 56
qui est le nombre que vous vouliez trouver, il
a fallu que le premier trimestre se ressentît
aussi de votre libéralité; vous lui avez donc donné
15 autres millions comme à ses frères, et vous
l'avez porté à 136 millions, quoique vous sus-
siez bien qu'il n'en avait produit que 121; ainsi,
lorsque vous faites l'accommodant, et que

_____

(1) Étais-je bon de penser que mes raisonnemens con-
vaincraient M. Bricogne, lorsqu'il dédaigne des faits
aussi évidens!

vous paraissez ne vouloir qu'une petite augmentation de 15 millions par trimestre, vous en exigez effectivement une de 20.

Pour la soutenir, vous avez été beaucoup moins embarrassé, parce que le sel et les boissons sont venus à votre secours. *Le sel*, dites-vous, *ne se fabrique et ne se vend qu'en été*, et *en eté on boit plus qu'en hiver*. On fabrique du sel, et on en vend dans toutes les saisons. Si vous aviez la fantaisie de vous procurer du sel fabriqué pendant l'hiver, je vous indiquerais des fabriques où il vous en serait fourni plus que vous ne pourriez peut-être en payer avec les millions réels de l'augmentation que vous supposez. La consommation du sel est journalière; mais le Midi, par exemple, en consomme prodigieusement plus en hiver qu'en été, par rapport à ses salaisons. A l'égard des boissons, chacun va, dans l'été, boire à la campagne son vin du crû qui ne paye pas de droits. Vous n'êtes pas heureux, comme vous voyez, dans le choix de vos moyens; mais aussi pourquoi y recourir? Dans les trois trimestres qui restent à s'écouler, n'avez-vous pas et de l'été et de l'hiver? et pouvez-vous raisonnablement faire un avantage à l'un aux dépens de l'autre, sans nuire à vos raisonnemens?

Cessez donc de vous débattre contre l'évidence. Vous voulez que la diminution des douanes ne soit *qu'un retard* , que l'augmentation de l'enregistrement soit *certaine* , et que l'accroissement du droit sur les boissons soit infaillible ; je le veux aussi bien que vous , et j'aime à croire que vous ne le désirez pas moins sincèrement que moi. Mais cessez de fonder , sur ces espérances qui ne sont pas malheureusement très-probables dans ce moment , une réduction d'impôts qui pourrait devenir très-dangereuse pour l'état , et reconnaissez avec moi que , si nous sommes assez heureux pour voir réaliser ces espérances , nous serons à temps l'année prochaine de faire cette réduction , et qu'elle nous sera plus agréable alors , parce qu'elle sera durable , qu'elle ne pourrait l'être dans ce moment, puisqu'elle serait empoisonnée par l'incertitude.

Je vais examiner maintenant comment vous avez répondu aux attaques que j'ai portées à votre proposition de réduire les impôts de 1819 (1). J'ai prétendu que cette réduction ne pouvait pas avoir lieu cette année :

1.º Parce que 1818 et l'antérieur nous laissaient un déficit de 142,279,111 fr. après la

_____

(1) Vous voyez que je vous tiens parole, et que je ne parle pas de la contribution foncière.

vente de tous les effets publics existans dans les
porte-feuilles du trésor ;

2.º Parce que 1819, en supposant que le
budget fût adopté tel qu'il était proposé, offri-
rait un déficit numérique de 3,180,000 fr., par
le seul fait de la vente des effets publics ;

3.º Parce que 1820 aurait à payer 100 millions aux étrangers, pour la représentation des
6,615,944 fr. de rentes que nous avions re-
pris d'eux ; et que cette rente, en supposant
qu'elle fût vendue à 70 fr., ne produirait que
92,623,216 fr., ce qui laisserait un déficit de
7,376,784 fr. ;

4.º Parce que 1821 verrait s'ouvrir le paiement par cinquième des reconnaissances de liquidation devant monter à 360 millions au
moins, et que les 3,600,000 fr. de rentes, représentant aujourd'hui 72 millions pour le cinquième à rembourser en 1821, ne vaudraient
alors, au cours de 70 fr., que 50,400,000 fr.,
et présenteraient conséquemment un déficit de
21,600,000 fr. ;

5.º Parce que 1822, 1823, 1824 et 1825
offriraient, chaque année, un semblable déficit
de 21,600,000 fr., si le cours de la rente ne
dépassait pas 70 fr. ;

6.º Enfin parce que, en regard de *déficits aussi
certains*, nous ne pouvions placer que des *pro-*

babilités (très-grandes sans doute), sous le rapport de l'élévation et de la fixité de nos impôts, sous celui de la situation politique toute nouvelle dans laquelle nous nous trouvions, et sous celui de l'affermissement de nos institutions et de la durée de notre tranquillité.

- Je vous avais également fait remarquer que c'était fort mal préluder à une fixation avantageuse du cours de la rente qui doit servir de base au paiement des reconnaissances de liquidation à faire en 1821, que d'en vendre, en 1820, plus de 7 millions pour payer les étrangers; et que c'était également se mal préparer à vendre favorablement ces 7 millions, en 1820, que d'en vendre forcément près de 5 en 1819.

- A peine avez-vous fait attention à ces observations; et cependant elles sont, je ne dirai pas les seules, mais les plus importantes à consulter pour arriver à une réduction d'impôts.

Vous concédez le déficit final de 142 millions, et vous semblez le dédaigner, parce que le trésor soutient facilement une dette flottante de 175 millions. Mais cette dette flottante n'existe que par le concours de volontés indépendantes du trésor. S'il plaisait aux porteurs des effets à payer de ne pas les renouveler, et si les receveurs généraux trouvaient plus d'avantages à placer ailleurs leurs fonds particuliers, où pren-

1*

driez-vous les moyens de faire ce remboursement? Sans doute sur les fonds destinés à soutenir le service; mais alors que deviendrait le service? Ne serait-il pas préférable, sous tous les rapports, que le crédit, dont le trésor peut jouir, restât tout entier pour la facilité de son service et pour parer à un grand besoin imprévu, celui, par exemple, de compléter notre armée sur le pied de paix?

Je veux éloigner toute chance défavorable; mais enfin peut-on nier que les effets de la crise n'existent encore chez nous? et doit-on fermer les yeux sur les faillites qui affligent dans ce moment les principales places de l'Europe, sur la baisse des fonds publics en Angleterre, et sur la question qu'on y agite? Les faillites réagiront-elles sur nous? la reprise des paiemens en numéraire et la baisse des fonds publics, en Angleterre, nous porteront-elles ou nous retireront-elles des capitaux? La seule incertitude qui résulte de ces questions, commande de ne pas laisser le trésor sous le poids d'une circulation trop considérable que le déficit rend inévitable.

Le paiement de 100 millions à faire aux étrangers vous paraît assuré par les rentes affectées à cette destination. Vous avez presque raison; seulement vous vous déchargez de tous les em-

barras de ce paiement, en établissant très-gra-
tuitement qu'on reprendra ces rentes qu'on vous
a déjà rendues, et que l'on acceptera le paiement de la différence dans la même valeur.

Quant aux reconnaissances de liquidation dont
le paiement s'ouvrira en 1821, vous vous mettez
encore bien plus à l'aise : « *Qui a temps ne doit
rien,* » dites-vous.

Cette maxime tranche sans doute toutes les
difficultés, mais elle n'en résout aucune ; aussi,
dans la même ligne (page 19), êtes-vous forcé
d'admettre la nécessité de reporter, dans deux
ans, les contributions au taux actuel. Vous avez
beau nous vanter *le véritable soulagement de
100 millions*, qui résultera de les *avoir réduites
en* 1819 et 1820, vous n'en tarissez pas moins
cette *source de bonheur* qui (dans votre *Situation
au vrai*, page 55), devait nous venir *de la fixité
de la contribution foncière*, *aussitôt après le
dégrèvement de* 50 *millions*.

Tombant ainsi de la contradiction dans le ri-
dicule, en ce que le dégrèvement de 50 millions,
qui, à vous entendre, devait être accordé *dès*
1819, sans le moindre retardement et pour
toujours, se trouvait, en dernier résultat, converti en un soulagement temporaire, il ne
vous restait plus qu'à reconnaître franchement
que votre zèle vous avait emporté trop loin. En

abjurant ainsi vos erreurs, vous détruisiez le leurre que vous aviez présenté aux yeux d'un public peu capable d'approfondir une matière aussi difficile, vous répariez le mal que vous aviez fait, et vous rendiez au Roi et à la Chambre des Députés l'initiative dont ils doivent être le plus jaloux, celle d'une réduction d'impôts que vous aviez si ridiculement prétendu leur enlever.

Au lieu de saisir avec empressement un moyen aussi honorable, vous avez aggravé vos torts; j'en suis vraiment fâché pour vous.

Quant à moi, persistant dans ma conclusion première, je maintiens qu'il n'y a de réduction convenable à opérer dans les impôts de 1819, qu'autant qu'il en sera fait, non dans les crédits qui sont demandés par les ministres, mais dans les dépenses qui sont proposées par le budget.

Et, du reste, plein de confiance dans la sagesse, dans le zèle éclairé et la noble sollicitude de la Chambre des Députés, je fais, dans l'intérêt de mon pays, les vœux les plus sincères pour que cette Chambre adopte l'opinion que l'un de ses membres les plus distingués (1) a laissé entrevoir dernièrement, d'appliquer à

---

(1) M. de Villèle, séance du vendredi 28 mai.

l'extinction du passif des caisses, tout le *boni* qu'il sera possible d'obtenir par la réduction des dépenses et par l'éventualité des produits indirects;

Sauf, à faire en 1820, en connaissance de cause, telle réduction d'impôts qui sera jugée praticable.

———————

Après vous avoir dit tout ce qui m'a paru nécessaire dans l'intérêt de la chose publique., je vais entrer avec vous dans quelques explications particulières. J'ai fait tout ce que j'ai pu pour les éviter; mais, puisque vous le voulez, il faut bien que je les aborde.

Vous trouvez que je ne suis pas très-poli, en traitant vos propositions de *niaiseries*. Je dois vous avouer que j'ai eu beaucoup de répugnance à me servir de cette expression; mais j'ose vous dire qu'il ne m'a pas été possible de l'éluder. En parlant de commis, vous les appelez vos camarades : s'il est vrai que vous ayiez des camarades, je vous autorise à les réunir en tel nombre que vous le voudrez; et si la dixième partie de cette réunion décide que je pouvais me servir d'une autre expression, j'avouerai que j'ai eu tort de ne pas avoir employé celle qui eût été plus juste, mais qui, probablement, eût été plus offensante.

Mais, en supposant que je me fusse donné le

1 **

tort de vous dire une sottise, était-ce une raison
pour vous de flétrir mon caractère, en me présentant comme défendant, cette année, des
comptes que j'ai attaqués l'année dernière? Je
mesure toujours l'offense sur l'intention. Comme
c'est une chose ordinaire pour vous de défaire
le lendemain ce que vous avez fait la veille, je
suis convaincu que vous n'avez pas voulu m'of-
fenser en me prêtant votre conduite.

Au sujet de ces comptes que vous m'accusez
si gratuitement d'avoir défendus, tandis que je
n'ai voulu ni les attaquer ni les défendre, et
que je ne puis les avoir défendus qu'autant que
leur défense résulterait de l'exposition des faits,
vous prétendez que je les ai défendus *par ordre.*
Ici, du moins, j'ai le choix des synonymes; et,
en vous disant que *ce n'est pas*, mon assertion
a autant de force que si je la donnais dans des
termes plus énergiques. Non, Monsieur, je n'ai
point reçu *d'ordre* pour écrire; et j'ose penser
que mes supérieurs, qui ne sont pas en aussi
grand nombre que vous voulez bien le faire
croire, m'estiment assez pour n'avoir jamais
songé à me donner un ordre semblable. Je n'ai
donc pas écrit *par ordre*, je ne l'ai même pas
fait pour venger, de votre indécente attaque,
le caractère d'un homme qui m'honore de son
amitié, et qui jouit de toute la mienne depuis

long-temps. Je n'ai écrit que pour sauver la chose publique du coup que vous vouliez lui porter.

Mais vous, Monsieur, de quel droit attaquez-vous ces comptes? A quelle époque, sans en ex-cepter 1809 et 1812 que vous chérissez tant, en avez-vous vu en France qui fussent, je ne dirai pas meilleurs, mais aussi bons? Tous les comptes qui ont précédé ceux de 1816 et de 1817 ont eu, sur ceux-ci, l'avantage d'être à l'abri de toute critique, parce qu'ils étaient inintelli-gibles. Le compte de 1816 a été, sans aucune comparaison, supérieur à tous ceux qui l'avaient précédé, puisqu'on a pu l'entendre et le criti-quer; et celui de 1817 est incontestablement meilleur que celui de 1816. Il s'en faut ce-pendant que l'un et l'autre soient parfaits; mais cette perfection ne peut pas être l'ouvrage d'un jour; le Ministre promet de s'en occuper sans relâche; il en met l'obligation au rang de ses premiers devoirs. Que pouvez-vous deman-der de plus? Osez-vous lui contester les talens nécessaires pour venir à bout de cette difficulté, qui n'a été bien connue, bien établie, que de-puis son retour au ministère, et dont on ne se doutait même pas auparavant? car, jusqu'alors, les Ministres et les Chambres avaient accepté les comptes sans y regarder. Vous avez raison de

confondre les vices de l'organisation de 1814
et de 1815 avec les erreurs des comptes; mais,
selon votre habitude ; vous n'êtes pas exact,
parce que vous êtes incomplet. Puisque vous
voulez bien déclarer que je connais, *aussi bien
que personne*, ces vices et ces erreurs, je dois
vous en donner mon avis.

Ce que vous appelez les erreurs des comptes,
et qui n'est autre chose que leur imperfection,
provient effectivement des vices de l'organisation de 1814 et de 1815, que les événemens de
ces années n'ont pas permis de corriger, parce
que, comme on l'a très-bien dit, le désordre seul
peut être improvisé, et que l'ordre est l'ouvrage
du temps. Aucun changement n'ayant été porté
dans l'organisation, en 1814 ni en 1815, il faut
donc remonter à l'organisation de 1808, qui est
réellement celle qui existe aujourd'hui, sauf
quelques légères modifications qui sont très-in-
signifiantes. Cette organisation de 1808 était
bonne en elle-même. Si elle n'a pas produit tous
les avantages qu'avait fait espérer le mérite de
sa conception , il faut l'attribuer aux vices de
son exécution ; mais , d'où sont venus les vices
de son exécution ? De vous , de vous seul.
On eut malheureusement alors trop de confiance en vous pendant un seul jour; le lende-
demain cette confiance vous fut inutile, vous

fûtes indispensable. Vous arrivâtes à ce terme
de vos désirs, en déprimant le mérite de tous
ceux qui vous avaient devancé dans la direction
des affaires, pour vous établir à leur place, et
en retenant, en tout ou en partie, les opérations
qui étaient la base de leur travail et de celui de
leurs divisions que vous avez ainsi désorganisées.
Si ces déplorables effets eussent été le fruit de
l'erreur, je les excuserais et ne les rappellerais
pas ; mais ils furent le résultat de vos combinaisons, pour votre utilité peronnelle, au détriment
de la chose publique ; et je me dois, je dois à la
société de les mettre au jour, afin qu'on puisse
juger un homme qui ne reconnaît point de bornes
dans ses attaques.

Vous prétendez que *tous mes calculs ne sont*
que des jeux de chiffres, embarrassés, confus,
inexacts, erronés, par lesquels je ne fais que
tourner et retourner les sommes du budget,
sans rien expliquer, sans rien prouver contre
le travail de la commission, sans éclairer aucun
doute. Distinguons :

Mes calculs peuvent être embarrassés et confus ; j'en abandonne le jugement aux hommes
de bonne foi ; mais je nie qu'ils soient inexacts
et erronés, et j'en appelle à vous-même, puisque vous n'avez pas changé un centime à ma
ligne finale, qui est le déficit de 142 millions.

18

J'avoue, du reste, que j'ai le tort de n'avoir pas
pris ces calculs dans ma tête, et que, discutant
sur le budget, c'est tout bonnement là que je les
ai puisés.

Vous vous plaignez de ce que je n'ai éclairci
aucun doute ; et vraisemblablement vous voulez
parler de ceux que vous avez élevés. Je vous
prierai de vous reporter à la première page de
ma préface ; vous y verrez que je laisse au ministère le soin de les éclairer, s'il le juge convenable, et que je ne me charge que de combattre vos erreurs. La qualité essentielle d'un
doute est la bonne foi. Je n'ai pas examiné les
vôtres, parce qu'il n'entrait pas dans mon sujet
de le faire ; mais, mon sujet m'y eût-il obligé, je
les aurais dédaignés.

Avais-je à combattre le travail de la commission ? Pourquoi me reprochez-vous donc de
n'avoir rien prouvé contre ce travail ? C'est
parce que vous n'avez aucun sentiment du respect que l'on doit à des réunions d'hommes, et
surtout d'hommes aussi éminens, puisqu'ils sont
investis de la confiance de la nation. Si vous
eussiez eu le sentiment de ce respect, n'auriez-
vous pas gardé le plus profond silence sur la déplorable discordance qui a existé entre le travail de cette commission et celui du Ministre?
Qu'a donc produit cette discordance ? Est-ce

l'explication d'un déficit de 56 millions, comme vous l'avez indiscrètement dit dans la *Gazette de France* du 24 mai, et aussi indiscrètement répété dans vos observations préliminaires? C'est tout simplement une augmentation de recette de 1,733,000 fr. sur les contributions directes que le Ministre a reconnu fondée, mais qu'il a dit avoir portée, suivant l'ancien usage, dans les fonds locaux, jusqu'à l'apurement de l'exercice. Y avait-il là motif suffisant du scandale que vous en avez fait, soit contre le Ministre qui était pleinement désintéressé sur les opérations portées dans ces comptes et sur ces comptes eux-mêmes, soit à l'égard de la commission dont la Chambre, en définitif, modifiait le travail par l'introduction des deux dates dans le projet de loi?

N'est-ce pas également au défaut de ce sentiment de respect dont je viens de parler, que l'on doit attribuer la légèreté avec laquelle vous faites concourir la généralité des employés du ministère des finances à la rédaction d'une brochure anonyme? Ou plutôt est-ce un délire de votre orgueil de penser que tout le ministère ensemble suffit à peine pour vous combattre ; de cet orgueil qui vous fait dire, dans votre *Situation au vrai* (page 11) que, cinq ou six impôts nouveaux ayant été proposés en 1816, vous

osâtes imprimer qu'il fallait les repousser et recourir à des emprunts, et que *les impôts furent
refusés et les emprunts adoptés ;* de cet orgueil enfin qui vous pousse à faire imprimer,
dans votre *Réponse* (page viij) : *Suis-je bien
coupable pour avoir pensé, prévu, annoncé ce
que la Chambre a décidé* (1)?

A l'exception d'un seul mot que je n'avais pas
pu remplacer, ma brochure était écrite avec la
plus grande modération. J'espérais que vous
m'en tiendriez compte, en considération du travail que m'avait occasionné le choix de mes
expressions, pour répondre à un ouvrage qui,
d'un bout à l'autre, dénature tout, parce
qu'enfin les formes polies, pour démentir cons-
tamment et sans cesse, sont bientôt épuisées. Je
n'ai pas été peu étonné de trouver dans votre
Réponse mes espérances déçues, et de me voir
provoqué sur des points qui devaient me rester
totalement étrangers.

Vous me reprochez, page 21, d'avoir dit,
sans en avoir donné aucune preuve, que des
erreurs vous étaient échappées au sujet des frais
de négociation. Jusque-là, vous n'êtes qu'im-
prudent, parce que, appréciant mieux que per-

_____

(1) Ceci ne pourrait-il pas expliquer l'empressement
qu'il y a eu à mettre en vente la *Situation au vrai*, avant
qu'elle fût terminée?

sonne la solidité et la bonne foi que je porte
dans mes écrits , vous deviez être assuré que
j'avais eu mes raisons pour avancer cette assertion : mais vous devenez indiscret , lorsque vous
me reprochez ;

Page 11 , d'éviter de répondre aux com-
paraisons des en-caisses à différentes époques ;

Page 21. D'avoir esquivé adroitement la dé-
-fense du crédit de 22,413,000 fr., demandé
pour frais de négociation ;

Pages 24 et 25. D'avoir oublié de donner des
explications sur la comparaison des frais de négociation antérieurs , et d'avoir évité de répondre à cette question embarrassante, *lequel
des Ministres fut le plus habile et le plus économe ?*

Je ne vois pas à quel propos vous m'adressez
ces reproches. Ces questions se rattachent-elles
à celle que j'ai entrepris de traiter ? Qu'a de
commun une réduction d'impôts avec des en-
caisses plus ou moins considérables à diverses
époques, et avec des frais de négociation plus
ou moins bien employés ? Je ne suis donc pas
dans l'obligation de répondre à ces reproches.
Cependant, en vous donnant la satisfaction que
je vous dois au sujet des erreurs que j'ai dit vous
être échappées sur les frais de négociation , j'espère vous donner aussi, ou du moins vous mettre

sur la voie d'obtenir les explications que vous cherchez.

J'ai dit, au sujet des frais de négociation, que vos rapprochemens étaient toujours inexacts parce qu'ils étaient toujours incomplets, et je le prouve.

Vous reconnaissez (*Situation au vrai*, p. 80) que *les frais de négociation doivent se mesurer sur la lenteur des recettes, l'urgence des dépenses et l'étendue des unes et des autres.*

Conformément à cette définition, qui n'est pas complète mais qui est juste dans tout ce qu'elle énonce, le tableau qui la suit devait comprendre, d'une part, les recettes à faire et les recettes faites pour en *mesurer la lenteur*, et de l'autre, les dépenses à payer et celles payées pour en *mesurer l'urgence*; alors les frais de négociation que vous auriez portés auraient pu être jugés comparativement à *l'étendue* des recettes et des paiemens. Vous n'avez rapporté que les paiemens; donc votre rapprochement est incomplet. Est-il incomplet par erreur ou par perfidie? La suite de votre raisonnement ne permet pas d'élever ce doute.

Vous avez voulu présenter M. Louis comme le moins habile et le moins économe des trois Ministres que vous avez cités. A Dieu ne plaise que je veuille établir ici de parallèle entre ces

administrateurs, et encore moins élever l'un au
détriment des autres ; mais vous comparez là
des choses qui sont dissemblables, et vous faites
cette comparaison, malgré que vous sachiez bien
qu'elle ne peut pas avoir lieu.

Jusques en 1814, le trésor a reçu par la loi
des assignations de dépense pour des sommes
égales à celles qu'on lui a donné à recevoir ; il ne
lui fallait alors que *des frais de négociation*. Par
suite des événemens qui ont précédé la restau-
ration, le trésor a consommé des dépôts qui lui
avaient été confiés ; il s'est donc trouvé en déficit
du montant de ces dépôts ; et la loi ne lui ayant
jamais assigné de recettes pour couvrir ce déficit, il a bien fallu lui donner, *en outre des
frais de négociation*, les fonds nécessaires pour
payer les *intérêts* du déficit.

De cette circonstance, qui est à votre connaissance et à celle du public, il résulte qu'on ne
peut pas comparer en masse les frais de négociation demandés ou employés par les Ministres
antérieurs au 1.er avril 1814, avec ceux demandés ou employés par les Ministres posté-
rieurs. La comparaison des demandes de M. Louis
ne pouvait donc se faire qu'avec les opérations
de M. Corvetto, puisque ces deux Ministres
sont les seuls qui aient occupé le ministère depuis 1814. Mais cette dernière comparaison

pouvait-elle encore se faire en masse ? Je ré-
ponds que non , parce que les circonstances
sous le poids desquelles M. Corvetto a occupé
le ministère n'existent plus en 1819 , et parce
que , sous M. Corvetto , les ressources extraor-
dinaires qui ont fourni les moyens de faire
face à *des dépenses plus grandes* , sont prove-
nues d'emprunts qui n'ont pas nécessité des frais
de négociation ou qui ont supporté ceux qu'ils
ont nécessités.

D'après ces explications , que deviennent les
misérables chicanes que vous avez faites sur la
division des articles composant ce qui était connu
jusqu'alors sous le titre de frais de négociation?
Comment qualifier les rapprochemens ridicules,
les proportions absurdes que vous n'avez pas
honte d'établir dans votre *Réponse* (page 22 et
suivantes)?

Pour moi , je m'arrête : mon indignation ne
me permet pas d'aller plus loin , et je conclus
en répétant que votre rapprochement des frais
de négociation est incomplet , ou , pour mieux
dire , qu'il n'est rien dès qu'on le purge des intentions dans lesquelles vous l'avez fait.

Vous m'invitez à me reporter à la page 29 de
votre *Situation au vrai* , pour y voir la comparaison des soldes en numéraire et valeurs repré-
sentatives existant à diverses époques , et vous

prétendez que j'y trouverai la preuve de la *ré-plétude* excessive des caisses.

Les époques que vous avez choisies sont : le 1.er avril 1814, le 20 mars et le 8 juillet 1815, le 1.er janvier 1818 et 1819. Est-ce de bonne foi que vous rapprochez des époques aussi in-cohérentes ? Au 1.er avril 1814, le gouverne-ment était aux abois, il périssait à défaut de toute espèce de ressources : il en fut encore de même au 8 juillet 1815. A ces époques mémo-rables, la volonté des Ministres n'était pour rien dans l'état des caisses ; toutes les opérations de recette, soit par les revenus publics, soit par la voie du crédit, étaient interrompues, et une réalisation quelconque n'aurait pu avoir lieu qu'à l'aide d'une exécution militaire. Quelle comparaison voulez-vous donc établir entre ces époques et celle du 1.er janvier 1819, où le Mi-nistre, usant de grands moyens, les dirigeait par sa seule volonté ? Quelles conséquences voulez-vous en tirer ? Est-ce contre le Ministre actuel ? Mais il ne faisait que d'entrer en place au 1.er janvier 1819 ; à peine avait-il pu recon-naître l'existence de ces soldes, puisqu'il n'a été nommé que le 29 décembre précédent. Est-ce contre le Ministre qu'il remplaçait ? Votre at-taque serait au moins aussi injuste. Est-ce enfin contre M. Corvetto ? Mais avez-vous entendu

les motifs qui avaient dirigé son administration ?
savez-vous sur quels renseignemens il les fon-
dait ?

‹ *Cette effrayante accumulation*, dites-vous,
menace de s'accroître encore en 1819 ; je le dé-
montrerai ; il est temps d'y mettre un terme ;
est-il possible de faire un assemblage de mots
plus bizarres et plus malheureux que celui-là ;
et peut-on être à ce point ignorant de toutes les
règles de l'ordre public et privé ?

´ Si *cette accumulation* est *effrayante*, elle était
inutile. Si elle était inutile, et si elle a eu lieu,
soit parce que les paiemens ont été retardés,
soit parce qu'il a été fait des emprunts à titre
onéreux, il y a prévarication de la part du Ministre auteur de l'accumulation, et il y a lieu
à accusation contre lui sans déblatérer, sans
faire de scandale. Le motif de l'accusation ne
serait pas dans le fait de l'accumulation, mais
dans les moyens qu'il auraient amenée, dans
l'abus de pouvoir qui aurait retardé les paiemens, ou dans la charge qui aurait été im-
posée inutilement à la nation en empruntant
sans nécessité.

´ *Menace de s'accroître encore en* 1819. Si l'accumulation première était une prévarication,
une plus grande accumulation serait une prévarication plus répréhensible. Dans l'ordre public,

le mal ne se présume pas , et , dans l'ordre privé , les bienséances défendent de le suppo- ser : mais, pour satisfaire votre passion , rien ne saurait vous arrêter.

Je le démontrerai. Quand? En 1820, par le compte prochain , car il est bien impossible autrement de savoir ce que le Ministre fera après le 1.er janvier 1819 , à moins que vous ne prétendiez que votre passion vous donne la prescience.

Il est temps d'y mettre un terme. Vous voilà parvenu au comble de la déraison. Et comment, s'il vous plait , entendez-vous mettre ce terme? la loi elle-même a-t-elle la puissance d'empêcher une prévarication ? Elle peut tout au plus la punir quand elle a eu lieu ; et si le Ministre ne pouvait pas prévariquer , pourrait-il être res- ponsable? et, pour qu'il ne le fût pas, ne faudrait- il pas commencer par changer la forme de notre gouvernement?

Voilà la fin où vos raisonnemens aboutissent et vous avez l'imprudence de demander qu'on les suive !

Les explications dans lesquelles je suis entré sur les frais de négociation s'appliquent égale- ment aux frais passés et aux frais à venir. Je pense que vous devez en être aussi satisfait que de celles que je vous ai données sur les en-caisses.

Il me resterait, pour vous répondre complétement, à résoudre la question concernant l'habileté et l'économie des différens Ministres. J'ai déjà eu l'honneur de vous dire que je me garderais bien de porter ce jugement dans cette occasion; je vous prie donc de trouver bon que je m'en dispense.

J'espère que je serai plus heureux relative-ment à *l'ouvrage grave et instructif* que vous nous annoncez. Je l'attends, et je vais me pré-parer à vous en donner mon avis.

Je suis, etc.

MOLLARD.

De l'imprimerie de J. SMITH, rue Montmorency, 16.

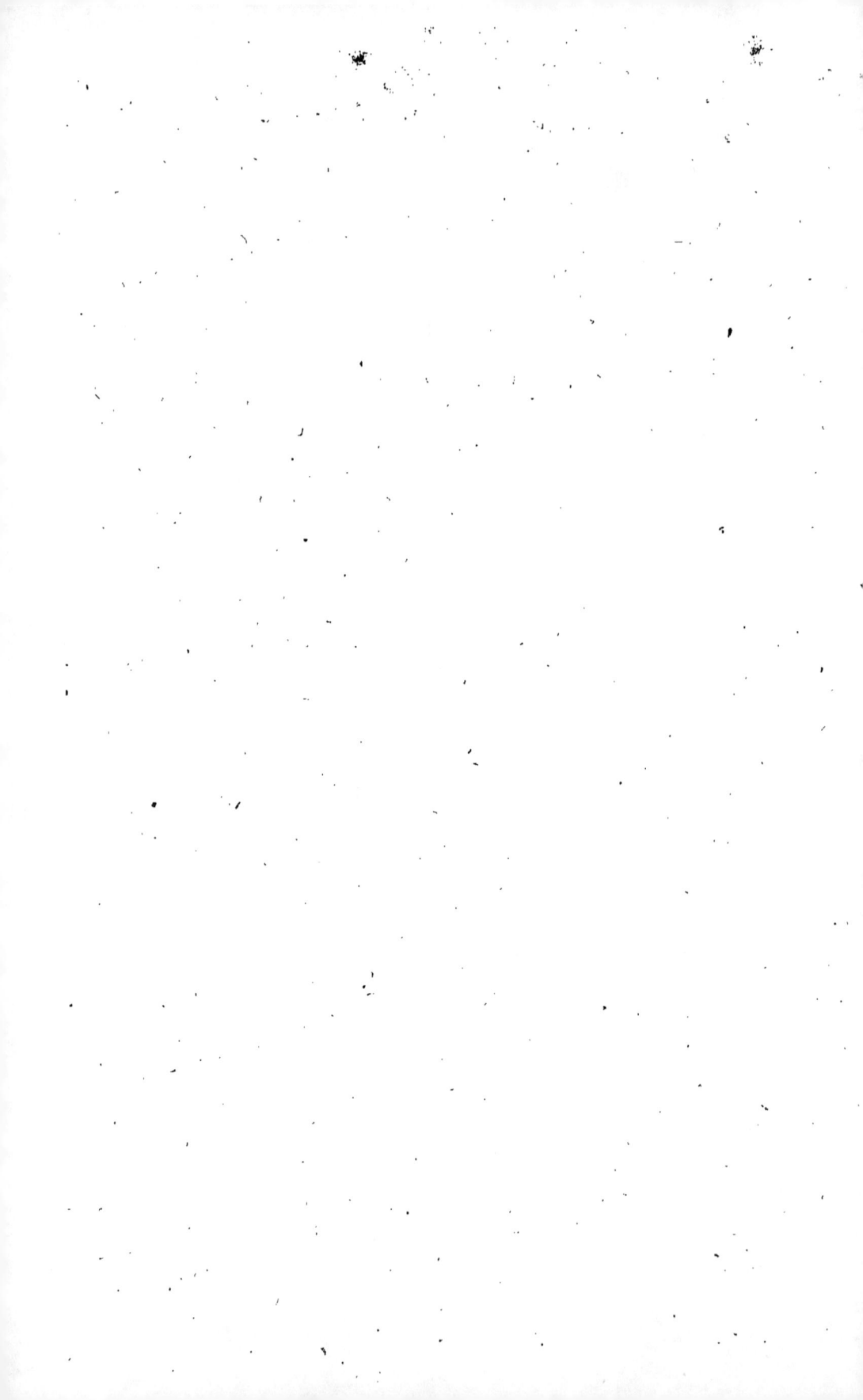

www.ingramcontent.com/pod-product-compliance
Lightning Source LLC
Chambersburg PA
CBHW050552210326
41521CB00008B/933